우리는 무엇을 안다고 말할 수 있는가

MONOGAWAKARUTOIUKOTO by Takeshi Yoro
Copyright © Takeshi Yoro 2023
All rights reserved.
Original Japanese edition published by SHODENSHA Publishing Co.,
Ltd., Tokyo.
This Korean edition is published by arrangement with SHODENSHA
Publishing Co., Ltd., Tokyo in care of Tuttle-Mori Agency, Inc., Tokyo,
through Duran Kim Agency, Seoul.

Korean translation copyright © Gimm-Young Publishers, Inc. 2025

# 우리는 무엇을 안다고 말할 수 있는가

1판 1쇄 인쇄 2025. 7. 21.
1판 1쇄 발행 2025. 7. 28.

지은이 요로 다케시
옮긴이 최화연

발행인 박강휘
편집 이한경 | 디자인 유상현 | 마케팅 김새로미 | 홍보 강원모
발행처 김영사
등록 1979년 5월 17일(제406-2003-036호)
주소 경기도 파주시 문발로 197(문발동) 우편번호 10881
전화 마케팅부 031)955-3100, 편집부 031)955-3200 | 팩스 031)955-3111

이 책의 한국어판 저작권은 저작권자와 독점계약한 김영사에 있습니다. 저작권법에 의해
한국 내에서 보호를 받는 저작물이므로 무단전재와 무단복제를 금합니다.

값은 뒤표지에 있습니다.
ISBN 979-11-7332-248-8 03300

홈페이지 www.gimmyoung.com    블로그 blog.naver.com/gybook
인스타그램 instagram.com/gimmyoung    이메일 bestbook@gimmyoung.com

좋은 독자가 좋은 책을 만듭니다.
김영사는 독자 여러분의 의견에 항상 귀 기울이고 있습니다.

# 우리는 무엇을 안다고 말할 수 있는가

ものがわかる
ということ

요로 다케시
최화연 옮김

**몸으로 익히고
삶으로 깨닫는
앎의 철학**

김영사

차례

들어가며　　　　　　　　　　　　　　8

## 1장　안다는 것

수학을 이해하지 못하다　　　　　　　　13
타인의 마음을 이해하다　　　　　　　　17
끊임없이 변화하는 현실과 인간　　　　　20
정보와 기호에 파묻힌 사회　　　　　　　23
언어로 전해지지 않는 세계도 있다　　　26
몸으로 이해하다　　　　　　　　　　　　29
'비례'를 안다는 것　　　　　　　　　　　32
듣기만 해서는 말할 수 없다　　　　　　34
안다는 것은 자신이 바뀌는 것　　　　　36
'배움'이란 자신의 견해가 바뀌는 것　　39
도시화는 자연을 '없는 것'으로 만든다　42
빨리 어른이 되라고 재촉받는 아이들　46
육아나 자연은 예측 불가능한 것　　　　48

# 2장 자기 자신을 안다는 거짓말

머리로 생각하는 '안다는 것'     53
머릿속 여러 세계     55
체험으로 아는 것, 머리만으로 아는 것     58
'안다는 것'의 기초가 되는 학습법     61
인간은 상징을 공유한다     65
뇌는 '달라지는 나'를 잘 다루지 못한다     68
서양과 일본이 '자기 자신'을 인식하는 방식     71
근대적 자아의 침입     75
인간 자체가 정보가 되다     78
죽음을 이해하지 못하는 현대인     80
마음은 공통성을 지닌다     83
인정받고 싶을 때 개성에 집착한다     86
지식과 교양은 반복해서 몸에 익히는 것     89
매뉴얼 인간이 나타난 배경     92
좋아하는 것이 분명한 듯하지만 분명치 않다     95
싫어하는 것을 좋아한다고 생각하는 재미     98
자기 자신은 찾는 것이 아니라 만들어내는 것     102

## 3장 세상과 타인을 대하는 방법

| | |
|---|---|
| 이해하지 못해도 충돌하지 않는 방법 | 109 |
| 모든 것이 의미로 직결되는 정보화사회 | 111 |
| 통하지 않는다는 전제에서 시작하기 | 114 |
| 세상 상식과 맞지 않는 나 | 117 |
| 세상과 인간이 한 세트인 일본 | 120 |
| 세상과 어떻게 타협할 것인가 | 123 |
| 사람은 원래 알 수 없는 것 | 126 |
| 대인 관계에서 충돌을 피하려면 | 129 |
| 감각이 둔해진 현대인 | 132 |
| 소셜 미디어는 순수 뇌화 사회 | 135 |
| 나의 불쾌함은 남의 탓 | 138 |
| 사람에게 지쳤을 때는 사물을 대하는 세계로 | 141 |
| 생각대로 되지 않음을 안다 | 144 |

## 4장 상식과 데이터를 의심해보다

| | |
|---|---|
| 뇌화 사회는 '다름'을 싫어한다 | 149 |
| 숫자가 사실로 치환되는 정보화사회 | 152 |
| 몸의 소리를 듣는 데 필요한 것 | 156 |
| 뉴스를 내 머리로 생각하려면 | 158 |
| 지구온난화 문제를 파악하는 방식 | 163 |
| 자신의 변화를 간과하는 미래 예측 | 166 |
| '생물 다양성'이란 말에서 느끼는 모순 | 170 |

| | |
|---|---|
| 환경문제는 몸의 문제 | 173 |
| 복잡한 세계를 단순화하려는 현대 | 176 |
| 인간이 기계와 닮아가는 뇌화 사회 | 179 |

## 5장 자연 속에서 살고 자연과 공명하다

| | |
|---|---|
| 도시화의 진행, 머리로 움직이는 사회 | 185 |
| 자연을 대하는 지혜란 | 188 |
| 순환형 사회를 추구한 에도시대 | 191 |
| 무언가를 가꾸고 돌보는 마음 | 194 |
| 자연의 존재를 인정하는 일부터 | 197 |
| 아이는 '무엇보다 소중한 미래' | 200 |
| 감각보다 언어를 우선하다 | 203 |
| 잠시 도시 밖에서 지내기 | 205 |
| 몸에 힘이 들어가면 곤충이 보이지 않는다 | 209 |
| 생각을 멈추고 자기 눈으로 보기 | 212 |
| 안다는 것의 근본 | 215 |
| 아이의 신체성을 기르다 | 218 |
| 오감으로 받아들인 것을 정보화하다 | 221 |

| | |
|---|---|
| 마치며 | 225 |

**들어가며**

 젊었을 때는 뭐든 공부하면 '알 수 있다'고 생각했다. 설령 그때는 모르더라도 시간이 지나면 알게 될 거라고 생각했다. 그렇게 믿었다기보다 정말 단순히 그럴 거라고 느꼈다.
 그런데 언제쯤 그 생각이 무너졌을까. 어렸을 때부터 닥치는 대로 책을 읽었다. 어떤 책이든 읽으면 이해할 수 있다는 전제가 내 안에 있었기 때문이리라. 젊은 시절, 나는 책을 읽듯이 세상을 '읽으려' 했다. 물론 세상이 책이라면 읽을 수는 있었을 것이다. 그러나 글자를 읽는 게 반드시 그 내용을 이해한다는 뜻은 아니다.
 세상을 읽기란 어려웠다. 세상사와 사람 마음이라는

게 얼마나 복잡하고 버거운지 아무리 애써도 읽어낼 수 없었다. 애초에 사람 마음은 읽어낼 수 있는 게 아니라는 사실을 대학생이 되어서야 겨우 알았다. 그래서 전공 분야로 해부학을 택했는지도 모른다. 죽은 자의 마음은 읽을 수도, 읽을 필요도 없다. 읽을 수 있는 건 오로지 내 마음뿐이다.

내 마음을 읽기 위해서는 우선 나 자신 밖으로 나와야 한다. 가가린Yuri Gagarin(구소련의 우주 비행사—옮긴이)이 "지구는 푸르다"고 말할 수 있었던 것은 지구 밖으로 나갔기 때문이다. 결국, 나는 나 밖에서 나를 보지 못했다. 나 밖에서 나를 본다는 것은 객관적으로 자신을 본다는 뜻이다. 다행히도 이 일에 성공하지 못했기에 정신병원에 입원하는 일은 없었다.

여든을 넘어 인생을 돌아보니 나는 알고자 했으나 결국 알지 못했다. 그래서 '안다는 것은 무엇인가'를 논하는 책을 세상에 낼 만큼 아직도 결론에 이르지 못했다.

얼마 전 지인인 이케다 기요히코池田清彦가 "인생을 사는 의미가 없다"고 쓴 글(메일 매거진mail magazine 〈이케다 기요히코의 오기 일기池田清彦のやせ我慢日記〉 vol. 229)이 인터넷에서 화제를 일으켰는데, 나는 그저 이케다다운 표현이구나 싶었다.

인생에는 딱히 의미가 없어도 된다. 이 점을 상세히 다루려면 이야기가 길어지니 여기서 논하지는 않겠지만 "인생의 의미를 안다"는 이야기를 들을 때마다 나는 섬뜩해진다. 그런 경향의 씨앗들이 이따금 보이는 요즘 세상에 이케다의 발언은 일종의 경고다.

인생의 의미 따위는 모르는 편이 낫다. 모르면 직성이 풀리지 않는 사람도 있을 수 있다. 그런 사람은 그냥 성이 풀리지 않은 채 정신을 다른 데로 돌리면 된다. 나는 정신을 산만하게 하려고. 곤충채집을 비롯해 다양한 일에 몰두한다. 오늘도 볕을 쬐고 있는데 곤충 한 마리가 날아왔다. 추운 날 생각지 못하게 곤충을 만나 몹시 기뻤다. 나는 오늘도 건강하고, 이곳에 곤충이 있다. 그게 살아 있다는 것이니 무엇이 더 필요하겠는가.

세상을 알고자 하는 노력은 중요하다. 그러나 알면 안 된다. 조금만 더 가면 알 것 같은, 그 경계를 찾는 게 참 어렵다. 이 책이 세상을 알고자 하는 사람에게 도움이 되길 바란다.

1장

안다는 것

수학을
이해하지 못하다

"안다는 건 무엇일까요?"

편집자 누마구치沼口 씨가 물었습니다. "안다는 게 무엇인지 모르겠다" "그럼 설명을 한번 해보자" 하는 이야기가 이 책의 시작이었습니다. 안다는 게 무엇인지 내가 아느냐, 하면 사실 나도 모릅니다. 몰라도 설명은 할 수 있습니다. 오랫동안 학생들을 가르치며 알든 모르든 질문에는 대답하는 버릇이 생겼습니다. 누마구치 씨가 학생은 아니지만, 몸에 밴 교사의 습성이 있으니 질문을 받은 이상 무언가 답은 해야겠죠.

대학생 때는 아르바이트 삼아 가정교사로 부단히 일했습니다. 주로 중학생에게 수학을 가르쳤죠. 그런데 수학을 이해하지 못하는 아이가 유독 많았습니다. 그런 아이는 대체로 수학이 뭐가 뭔지 모르는 상태입니다. 지금 자신이 살아가는 세계에서 왜 수학 문제를 풀어야 하는지, 그 의미를 모르는 거죠. 자신이 하는 일, 즉 수학 공부에 무슨 의미가 있는지, 그게 자기 인생에 왜 필요한지 모르는 겁니다.

그런 아이는 부모가 아무리 입시며 장래며 이래저래 열심히 설명해도 결국은 뭐가 뭔지 모르죠. 모르지만 참으면서 공부합니다. 대부분 어른이 되어도 그런 식으로 살아가므로 학생 때의 수학 공부는 사회에서 살아가는 데 좋은 훈련인 셈입니다.

왜 해야 하는지 잘 모르지만 아무튼 할 수밖에 없습니다. 그게 일이겠지요. 이 책도 왜 쓰는지는 잘 몰라도 일단 쓰고 있습니다.

자, 구체적인 수학 문제를 예로 들어볼까요? 수학에서 2a-a=2는 틀렸다고 합니다. 그런데 아무리 봐도 틀린 게 아닙니다. 2a에서 a를 **빼면** 2가 남으니까요. 여기서 인생의 좌절이 시작됩니다. 2a는 a가 2개 있는 것이라고 배웁니다. 2×a를 2a로 쓰기로 약속한 것이지요. 내가 그런 약속을 한 것도 아닌데, 남들이 멋대로 정해놓고는 그냥 지키라고 합니다.

세상일이라는 게 거의 다 그런 식입니다. 내가 정한 약속은 아니지만 어쨌든 그렇게 정해져 있죠. 세상에는 이런 수학적 약속 말고도 온갖 약속이 넘쳐나는데, 그걸 모르면 곤란해집니다. 그런고로 학교 공부라는 게 납득이 되든 안 되든 아무튼 $2a-a=a$여야 합니다. 그게 '아는 것'이며, 왜 공부를 해야 하는지도 언젠가는 알게 될 거라고 어른들은 말합니다.

그런데 a는 무엇일까요? 선생님께 물으면 a는 뭐든 될 수 있다고 합니다. 사과, 귤, 무…… 뭐든지요. '그럼 a는 괴물인가? 소름 끼치는 a 따위는 사라져버리라지.' 이런 마음이 깔려 있어서 $2a-a=2$가 되는 건지도 모릅니다. 괴물아, 사라져라.

어떤 쉬운 부분을 설명하면 우리는 보통 "그건 안다"고 대답합니다. 여기서 '안다'는 '이해한다'는 말과도 같지요. 그렇다면 '이해한다'와 '안다'의 차이는 무엇일까요. 그냥 $2a-a=a$라고만 알면 $4a-a=4$라고 답할지도 모릅니다. 4a는 a가 4개 있는 것이라고 이해했다면, 거기서 a를 하나 빼서 $4a-a=3a$라고 답하겠지요. 이해하면 다른 문제도 풀 수 있습니다. 요컨대 하나의 예를 '알기'만 해서는 '이해한 것'이 아닙니다. 안다는 것은 구체적인 한 가지를 기억하는 것입니다.

누군가를 안다는 것은 그 사람에 '대해' 안다는 것과 꽤 다릅니다. 안다는 것은 만난 적이 있거나 텔레비전에서 본 적 있는, 구체적인 무엇인가를 가리킵니다. 이해한다는 것과는 다르죠. 그 사람에 대해 안다는 것, 즉 이해한다는 것은 그가 특정 상황에서 어떻게 행동할지 상당 부분 예측 가능하다는 의미입니다. 우리 몸에서 그런 예측을 하는 기관이 바로 '뇌'입니다. 그리고 이런 예측을 요즘은 시뮬레이션이라고 하지요.

## 타인의 마음을 이해하다

인간은 뇌가 커지면서 여느 동물과는 다른 능력을 갖게 되었습니다. 바로 '의식'이라는 기능이죠. 여느 동물에게도 의식이 있지만, 인간의 의식은 '같음'과 '다름'을 이해할 수 있습니다. 의식은 뇌에서 발생하는 능력이며, 이 뇌로 들어가는 '입력'을 지각 또는 감각이라고 부릅니다. 감각은 세상의 차이를 파악하고, 의식은 거기서 '같음'을 만들어냅니다. 이처럼 '같음'을 창출하는 능력은 인간의 의식만이 지닌 특징입니다(여기에 대해서는 앞서 출간한 《유언遺言》에서 자세히 설명했으니 참고해주시길). 이런 '같음'의 개념을 통해 인간은 교환을 성립시키고, 돈이라는 걸 만들어내고, 상대방 입장에서 생각하는 능력을 갖추었습니다.

인간은 '같음'과 '다름'을 알지만, 원숭이는 '다름'밖에 모릅니다. 그 차이는 언제 생겼을까요?

미국 과학자가 자기 아이와 비슷한 시기에 태어난 침팬지 새끼를 함께 키웠습니다. 거의 같은 시기에 태어난 아이와 침팬지 새끼의 발육을 비교해보니, 생후 3년까지는 침팬지의 능력이 더 높았습니다. 특히 운동 능력이 월등했지요. 그런데 네다섯 살이 되자 인간 아이의 발육이 급속도로 빨라졌습니다. 침팬지는 신체 발육만 이뤄지고 지능은 그 이상 발달하지 않았지요. 아마 세 살부터 다섯 살 사이에 인간과 침팬지를 나누는 무언가가 일어났을 겁니다.

이를 확인한 실험도 있습니다. 무대 위에 상자 A와 상자 B를 준비하고 세 살 아이와 다섯 살 아이에게 상황을 지켜보도록 합니다. 한 여성이 먼저 등장합니다. 여성은 상자 A에 인형을 넣고 상자 A의 뚜껑을 덮은 다음 무대에서 사라집니다. 이어서 다른 사람이 나타납니다. 그는 상자 A에 들어 있는 인형을 꺼내서 상자 B로 옮깁니다. 그리고 상자 B의 뚜껑을 덮고 나갑니다. 다시 처음의 여성이 무대에 등장합니다. 이때 연구자가 아이들에게 질문합니다.

"저 사람이 어떤 상자를 열까?"

세 살 아이는 상자 B라고 대답합니다. 인형을 옮겼다는 사실을 자신이 알고 있으므로 무대 위의 여성도 상자 B를 열 것이라고 생각한 거죠. 한편, 다섯 살 아이는 상자 A라고 대답합니다. 그 여성은 다른 사람이 인형을 옮기는 걸 보지 못했기 때문입니다. 당연히 상자 A가 정답입니다.

세 살 아이와 다섯 살 아이는 왜 다른 답을 내놓았을까요? 다섯 살 아이는 '내가 만약 저 사람이라면'이라고 생각했던 것입니다. 타인과 자신의 입장을 바꿔 생각한 겁니다. 반면, 세 살 아이는 남과 나를 바꿔 생각하지 못합니다. 상자 B에 인형이 들어 있다는 걸 자기가 알고 있듯이 타인도 그럴 거라고 생각합니다.

타자의 마음을 이해하는 작용을 '마음 이론'이라고 부릅니다. 발달심리학에서는 '마음을 읽는다'고 하는데, 나는 '교환한다'는 표현을 쓰고 싶습니다. 반드시 마음을 읽을 필요는 없고, 나와 상대를 바꿔 생각하면 되는 것이지요.

자신과 상대를 바꿔 생각하는 이런 능력도 인간만의 것입니다.

## 끊임없이 변화하는 현실과 인간

 마음 이론이 나타내듯 인간의 뇌는 가능한 한 많은 사람에게 공통적인 이해 사항을 넓혀가도록 발전해왔습니다.

 인간의 뇌는 개인 간 차이를 무시하고 '같게' 만들려는 성질이 있습니다. 그래서 언어에서 추출한 논리는 압도적 설득력을 띱니다. 논리에 반하는 것을 뇌는 좀처럼 받아들이지 못하죠.

 우리는 태어날 때부터 언어에 둘러싸여 자랍니다. 태어났을 때 이미 그곳엔 언어가 있지요. 그래서 언어를 익힌다는 것은 주변의 언어에 자신의 뇌를 적응시켜가는 일입니다.

언어는 인간 외부에 있습니다. 내가 죽어도 언어는 사라지지 않죠. 뇌를 연산장치라고 하면 언어는 외부 메모리, 즉 기억장치에 해당합니다. 거기에는 문자로 축적된 엄청난 기억이 있습니다.

언어뿐만이 아닙니다. 언어보다 조금 더 넓은 개념이 '기호'입니다. 그림, 영상, 음악은 언어가 아니지만 인간에게 무언가를 전달하는 기호죠.

기호는 불변성이라는 특징을 지닙니다. 그래서 다른 것을 '같다'고 할 수 있지요. '노란색'이라는 언어는 내가 죽든 말든 계속 세상에 남아 있을 것입니다.

그런데 현실은 계속 변화합니다. 옛날 사람들은 이런 사실을 잘 알고 있었지요. 제행무상 만물유전諸行無常 萬物流轉(우주의 모든 사물은 늘 돌고 변하여 한 모양으로 머물러 있지 않다는 의미―옮긴이)이라는 말도 끊임없이 변하는 현실을 나타낸 것입니다.

그러나 지금은 기호가 활개를 치는 세상입니다. 기호가 지배하는 사회를 '정보화사회'라고 합니다. 기호와 정보의 가장 큰 특징은 변화를 멈춘다는 데 있습니다.

현실은 끊임없이 달라지며 우리 자신도 똑같은 상태를 두 번 다시 반복할 수 없는 존재입니다. 그럼에도 정보를 우선하는 사회에서는 불변의 기호가 현실성을 갖는 한편, 끊임없이 변화하는 우리는 현실성을 잃어갑니다.

나는 이런 사회를 '뇌화腦化 사회'라고 부릅니다.

## 정보와 기호에
## 파묻힌 사회

　'정보화사회'라고 하면 정보가 쉴 새 없이 갱신되며 변화가 극심한 상태를 떠올리는 사람도 많겠지요. 그러나 나는 정반대라고 생각합니다. 정보는 움직이지 않지만 사람은 변화합니다. 비디오 영화를 떠올려보면 이해하기 쉽습니다.

　예를 들어, 영화 한 편을 이틀간 열 번 봐야 한다고 가정해봅시다. 한 영화를 하루에 다섯 번씩 이틀 동안 총 열 번을 보면 어떤 일이 벌어질까요?

　첫 번째 볼 때는 화면이 계속 전환되고 음악도 극적으로 들립니다. 영상이 움직인다고 생각하겠지요. 두 번째, 세 번째 볼 때는 첫 번째에 놓쳤던 새로운 장면이 눈에 들어올지도 모릅니다. 그리고 어떤 장면에서는 '이런 식으로 연출했다면 좋았을 텐데' 하고 약간 전문가 같은 발상이 떠오를 수도 있겠지요.

그러나 네다섯 번째가 되면 지루한 장면이 늘어납니다. 예닐곱 번째가 되면 이제 계속 보기가 힘들어집니다. 왜 똑같은 영화를 여러 번 봐야 하느냐며 화내는 사람도 나오겠지요.

이쯤 되면 알 수 있을 겁니다. 영화는 전혀 달라지지 않았습니다. 첫 번째부터 일곱 번째까지 모두 똑같습니다. 바뀐 것은 오로지 보는 사람 자신뿐입니다. 인간은 첫 번째부터 일곱 번째까지 완전히 같은 상태로 영화를 볼 수 없습니다.

정보와 현실 속 인간의 근본적 차이를 이제 아시겠지요? 정보는 전혀 변하지 않지만 인간은 계속해서 달라집니다.

그러나 인간이 이처럼 매 순간 달라지는 존재라는 걸 현대인은 실감하지 못합니다. 오늘은 어제의 연속이고 내일은 오늘의 연속이라고 생각하죠. 그런 감각이 점점 더 강해지는 게 바로 정보화사회입니다.

이유인즉슨 현대사회는 'a=b'라는 '같음'에 파묻혀 있기 때문입니다. 기호와 정보는 만든 순간 멈춰버립니다.

텔레비전 방송이든 동영상이든 찍힌 시점에서 변치 않습니다. 그것을 보는 현실의 사람은 끊임없이 변화하고요. 그럼에도 자신이 변해간다는 걸 실감하지 못하는 이유는 우리를 둘러싼 사물이 정보와 기호에 점령당해 있기 때문입니다.

정보와 기호는 언뜻 보면 움직이는 것 같지만 실제로는 전혀 그렇지 않습니다. 그래서 인간이 자신의 변화를 더욱 감지하기 어려운 것이지요.

# 언어로 전해지지 않는
# 세계도 있다

'a=b'에 파묻힌 정보화사회가 과도하게 진행되면 인간이 본래 가져야 할 일종의 윤리관, 즉 미적 감각이 붕괴하지 않을까 심히 우려됩니다.

문명사회에서는 가치가 다른 것을 같다고 여깁니다. 예를 들어, 교실에서 아이들은 대부분 '같은 것'으로 취급됩니다.

세상에 피어난 꽃은 본래 어떤 것이든 그곳에 존재하는 단 하나의 꽃입니다. 그렇건만 〈세상에 하나뿐인 꽃 世界に一つだけの花〉(1991년부터 2016년까지 활동한 일본 아이돌 그룹 SMAP의 히트곡—옮긴이)이라는 노래가 유행한 것은 사람들이 자기가 단 하나의 존재로 취급받지 못하는 현

실에 불만을 느꼈기 때문인지도 모릅니다.

수학자 아라이 노리코新井紀子의 저서 《대학에 가는 AI vs 교과서를 못 읽는 아이들》을 보면 중학생에게 문제를 풀게 한 후 그 결과를 바탕으로 독해력 저하를 지적하는 내용이 있는데, 내게는 아이들이 대답하길 거부하는 것처럼 느껴졌습니다.

중학생들은 'a=b'에 대한 거부감의 연장선에서 4개의 선택지 가운데 답을 고르고 싶지 않았던 것 아닐까요? 내게는 정보에 질려버린 중학생들이 감각을 되찾고자 애쓰는 것처럼 보였습니다. 아라이 씨와 반대로 그 부분에서 희망을 느꼈죠.

실제로 세상에는 영문을 알 수 없는 것이 존재합니다. 이름도 정체도 없는 병이 느닷없이 유행하기 시작하자 이내 '코로나19'라는 이름이 붙었습니다.

이름이 붙으면 어쨌거나 일단 안심은 됩니다. 이 또한 이름의 효과인데, 여기엔 위험한 점도 있습니다. 이를테면 디지털 트랜스포메이션(IT에 의한 변혁)이나 SDGs(지속 가능한 발전 목표)라고 하면 실제로는 뭔지 몰라도 어쩐지 알 것 같은 기분이 듭니다. 또는 "그건 가짜 뉴스야"라는 딱지만 붙여도 토론에서 이긴 것 같은 기분이 들어 그다음은 아무것도 생각하지 않습니다. 생각의 도구로 쓰여야 할 언어가 사고 정지의 도구가 되어버린 겁니다.

특히 요즘은 소셜 미디어 등의 영향으로 가벼운 말이 넘쳐납니다. 말이 풍부해질수록 생각의 도구는 많아집니다. 하지만 말에만 사로잡히면 말로는 표현할 수 없는 중요한 걸 놓치게 됩니다.

나는 말로 전해지지 않는 세계에서 배우고 일했습니다. 대학에서의 해부학은 무엇보다 실습이 중요했습니다. 시신과 마주하고, 시신을 맨손으로 만졌습니다. 지금과 달리 당시에는 장갑도 끼지 않았습니다. 맨손으로 시신을 만지는 행위로부터 얻을 수 있는 식견은 결코 말로 다 전할 수 없습니다.

# 몸으로
# 이해하다

　해부는 화려한 작업이 아닙니다. 지극히 단조로운 수작업이지요. 지금도 여전히 몰두하는 곤충 표본 만들기 역시 수작업입니다. 주로 작은 곤충을 다루는데, 곤충이 다 작지 않냐 싶을지 몰라도 투구벌레와 벼룩은 크기가 꽤 차이 납니다. 대부분 벼룩만 한 곤충을 취급하므로 표본을 만들 때 단순히 침을 꽂는다고 끝나는 게 아닙니다.
　그럼 어떻게 할까요? 먼저 두꺼운 흰색 종이를 삼각으로 자릅니다. 그리고 종이 끝을 살짝 구부려 접착 면을 만들고 거기에 곤충 배의 옆면을 풀로 붙입니다. 그러면 작은 곤충의 등과 배, 양쪽을 전부 관찰할 수 있는 표본이 되죠.

꽤 번거로운 과정이지만 이런 수작업을 거치지 않으면 진정한 '학습'이 되지 않습니다. 학습은 '몸에 익히는 것', 몸으로 이해하는 것입니다.

뇌에는 문文과 무武가 있습니다. 문은 뇌로 향하는 '입력'을 말합니다. 책을 읽거나, 다른 이의 말을 듣거나, 누군가를 만나거나, 숲을 걸을 때 뇌로 들어가는 다양한 입력이 발생합니다. 뇌는 그런 정보를 종합적으로 '출력'하는데, 이것이 무입니다. 입력만 있으면 물을 흡수한 스펀지일 뿐이고, 출력만 있으면 계속 움직이는 망가진 로봇이 됩니다.

뇌로 가는 입력은 '오감'입니다. 눈으로 보고, 귀로 듣고, 코로 냄새 맡고, 혀로 맛보는 것이 입력에 해당합니다. 한편, 출력은 오로지 근육의 운동입니다. 우리는 보통 그런 사실을 깨닫지 못하지만요. 뇌의 출력은 근육의 움직임, 골격계의 수축입니다. 뇌가 외부로 출력할 수 있는 것은 근육의 수축, 근육노동뿐입니다. 그래서 '체육'이라는 게 있는 겁니다.

신체의 움직임은 전부 뇌에서 나옵니다. 반대로 말하면, 뇌에서 나올 수 있는 건 신체의 움직임밖에 없습니다. 모든 근육이 멈춘다고 가정하면, 무슨 뜻인지 바로 이해할 수 있을 겁니다.

근육이 활동하지 않으면 우선 호흡이 멈추므로 우린 죽습니다. 그래서 인공호흡기를 사용합니다. 그러면 호흡은 가능해지죠. 호흡은 기계가 해주지만, 뭔가 하고 싶은 얘기가 있어도 말을 할 수 없습니다. 근육이 움직이지 않으면 목소리도 나오지 않습니다. 혀도 움직이지 않습니다. 손도 발도 꼼짝할 수 없습니다. 물론 글을 쓸 수도 없습니다. 눈짓도, 고개를 끄덕일 수도, 표정을 짓지도 못합니다. 아무것도 할 수 없습니다.

## '비례'를
## 안다는 것

   이번에는 아기를 예로 들어보겠습니다. 갓난아기가 침대에서 자기 손을 움직이며 그걸 빤히 바라봅니다. 손을 움직이는 것은 뇌의 출력입니다. 손의 움직임이 '눈에 보이는 것'은 뇌로 들어가는 입력입니다. 아기가 다시 손을 움직입니다. 그러면 손의 형태가 바뀌고, 그 모습이 또 뇌로 입력됩니다. 이것이 뇌의 입력과 출력입니다. 이런 입력과 출력이 계속 회전합니다.

   '손을 움직이면 모습이 어떻게 달라질까?' 아기는 질리지도 않고 입력과 출력을 계속 반복합니다. 그러면 머릿속에 입력과 출력의 관계식이 저절로 만들어집니다.

   조금 지나면 아기는 기어다니기 시작합니다. 한 발을

움직이면 눈앞에 있는 의자의 다리가 조금 더 크게 보입니다. 한 발 앞으로 내디딜 때마다 조금씩 더 커집니다. 지금 보는 의자의 다리를 일일이 기억한다면 뇌는 순식간에 과부하가 걸릴 겁니다. 이 세상에 있는 의자가 어디서 어떻게 보이는지 전부 기억할 수는 없습니다.

그러면 우리 머릿속에서는 어떤 일이 벌어질까요? '한 발 다가가면 대상이 커진다'는 관계식이 만들어집니다. 이런 관계식이 생기면 응용이 가능하죠.

이렇게 다가가면 크기가 바뀌는데, 바뀌지 않는 것도 있습니다. 삼각형의 경우를 생각해봅시다. 다가가면 커다란 삼각형이 되고 멀어지면 작은 삼각형이 되지만, 그 각도는 변치 않습니다. 수학에서 말하는 '비례'입니다.

굳이 배우지 않아도 뇌는 비례를 알고 있습니다. 멀리 있으면 고양이, 가까이 있으면 호랑이라고는 생각하지 않죠. 설령 그런 뇌를 가진 인간이 진화 과정에 있었다 해도 이미 호랑이의 먹이가 되었을 겁니다. 보이는 크기는 거리에 따라 달라지므로 눈에 길이를 재는 '자'를 새겨둘 필요가 없습니다.

이런 식으로 사물을 보며 '이미 머릿속에 만들어둔' 관계식을 우리의 의식이 발굴한 것, 그게 바로 수학의 비례입니다.

## 듣기만 해서는
## 말할 수 없다

　머릿속에 만들어진 관계식을 '모델'이라 부르겠습니다. 모델이 만들어지면 운동을 조절할 수 있습니다. 모델에 근거해 예측이 가능해지기 때문입니다.

　입력과 출력이 반복되는 루프loop의 전형이 언어입니다. 근육의 복잡한 운동을 통해 소리가 나오고, 그것이 다시 청각으로 들어옵니다. 그리고 귀로 들어온 정보에 따라 다시 근육의 움직임을 정돈해 출력합니다.

　거듭 강조하건대 이것이 '학습'의 기본입니다. 이런 학습의 기본을 잊으면 유아기에 교육용 비디오를 보여주는 이상한 짓을 하게 됩니다.

　잘 기지도 못하는 아기에게 비디오를 보여주는 건 아

무 의미가 없습니다. 입력과 출력의 회전이 일어나지 않기 때문입니다. 비디오에는 뇌로 가는 입력만 있습니다. 문文과 지知밖에 없습니다. 출력이 동반되지 않으므로 머릿속에 관계식이 만들어지지 않습니다.

장애아 교육에서는 이런 점을 제대로 인식하고 있습니다. 그래서 몸이 움직이지 않는 상태를 방치하지 않죠. 장애가 있고 몸을 가누기 어려워도 어떻게든 움직이도록 옆에서 돕습니다. 그렇게 해야 머릿속에 관계식이 만들어집니다. 조금이라도 스스로 움직이면 입출력이 일어납니다.

언어 학습, 특히 외국어 습득도 마찬가지입니다. 듣기만 해서는 결코 말할 수 없습니다. 이는 당연한 이치입니다. 말하는 연습을 하지 않고서는 외국어를 배우지 못합니다.

# 안다는 것은
# 자신이 바뀌는 것

내가 대학에 입학할 무렵, 세상에는 대학에 가면 바보가 된다는 '상식'이 있었습니다. 몸을 써서 일하는 사람들이 이런 이야기를 했지요. 진의는 알 수 없으나 앉아서 책만 읽으면 사회에 진출해 일하는 데 서툴러진다는 뜻 아니었나 싶습니다. 이런 상식이 있던 시대를 살아서인지 여전히 나는 조금이라도 몸을 움직이려는 습관이 있습니다.

책상 앞에 앉아서 배우는 것도 분명 있죠. 그러나 '몸으로 익힌 것'만 응용 가능합니다. 일본의 교양 교육이 엉망이 된 것도 몸으로 익힌다는 점을 간과했기 때문입니다.

내가 도쿄대학교 출판회 이사장으로 있을 때 가장 많이 팔린 책이 《지의 기법》입니다. '지知'를 얻는 데 일정한 매뉴얼이 있다고 주장하는 책이 도쿄대학교 교양학부 교과서로 나와서 베스트셀러가 된 거죠.

왜 이 책이 인기 있었을까요? '지'가 '기법'이 되었기 때문입니다. 기법은 노하우를 말합니다. '어떤 식으로 지식을 손에 넣을까?' '어떻게 지식을 이용할까?' 이런 노하우를 말하는 것입니다.

그러나 교양은 말 그대로 몸에 익히는 것입니다. 기법을 안다고 교양이 되지는 않습니다. 단지 열심히 공부하는 사람이 될 뿐입니다. 그것을 예전에는 "방바닥이 썩을 정도로 공부한다"고 표현했지요. 그러나 아무리 공부해도 출력, 즉 운동을 조절하는 모델은 머릿속에서 만들어지지 않습니다.

지식이 늘어도 행동에 영향을 주지 않으면 현실에 소용이 없습니다. 에도시대(1603~1868)에는 양명학陽明學이라는 게 있었습니다. 당시의 관학官學은 주자학朱子學으로 유시마세이도湯島聖堂가 본거지였죠. 하야시林 가문의 다이가쿠노카미大學頭라는 도쿄대학교 총장 격의 선생이 있고, 학생들은 다다미에 앉아 강의를 들었습니다. 그래서 주자학에는 '앉아서 공부하는' 이미지가 있습니다.

양명학은 주자학과 달리 지행합일知行合一을 강조합니다. "아는 것과 행동하는 것은 하나다"라고 말합니다. 여기서 '지'는 '문', '행'은 '무'를 말하므로 문무양도文武兩道와 지행합일은 의미하는 바가 같습니다.

흔히 '안다는 것'을 지식을 늘리는 것으로 생각합니다. 그래서 행동, 즉 운동을 잊지요.

'안다는 것'의 본질을 이야기할 때, 나는 학생들에게 종종 "암 선고를 받았다고 상상해보라"고 말합니다. "암입니다"라는 말을 본인이 들었다고 생각해보세요. 의사가 "살날이 반년밖에 남지 않았습니다"라고 한다면 어떤 일이 생길까요?

암 선고를 받아들인 순간부터 자신이 달라집니다. 세상이 지금까지와는 다르게 보입니다. 그러나 달라진 건 세계가 아니라 보는 사람, 즉 나 자신입니다. '안다는 것'은 나 자신이 달라지는 것입니다.

자신이 달라진다는 것은 과거의 내 일부분이 죽고 다시 태어나는 것입니다.

# '배움'이란 자신의
# 견해가 바뀌는 것

《논어》에는 "아침에 도를 들으면 저녁에 죽어도 여한이 없다 朝聞道夕死可矣"라는 구절이 있습니다. "아침에 이치를 깨달으면 밤에 죽어도 좋다." 그만큼 깨달음이 귀하다는 거죠. 그러나 이런 표현은 현대인에게 잘 와닿지 않습니다. 아침에 이치를 깨우쳐도 그날 죽으면 아무 소용이 없을 테니까요.

나는 조금 달리 해석합니다. 학문, 즉 배움은 눈에서 비늘이 떨어지는 것, 보는 눈이 싹 바뀌는 것입니다. 자신이 완전히 달라지면 어떻게 될까요? 그때까지 해왔던 생각이 어처구니없어 보입니다.

과거의 자신이 사라집니다. 죽는다고 표현해도 되겠

지요. 쉽게 말하면, 사랑이 식어버리는 것과 같습니다. '왜 저런 사람을 죽도록 사랑했을까?' 이런 생각도 듭니다. 그 사람을 죽도록 사랑했던 나와 지금의 나는 '다른' 사람입니다. 과거의 나는 죽어버렸기에 더는 존재하지 않습니다.

사람이 달라졌다는 건 과거의 자신은 죽고 새로운 자신이 태어난 것이나 마찬가지입니다. 이를 반복하는 것이 배움입니다. 어느 날 아침, 새로운 깨달음을 얻고 나 자신이 싹 바뀌어 다른 사람이 되면, 그 전까지의 나는 이른바 죽는 거지요. 이런 의미에서 보면, 아침에 깨닫고 밤에 죽는다는 표현이 전혀 놀랍지 않습니다. 나는 《논어》에 나오는 위의 구절을 이렇게 해석합니다. 옳은지는 알 수 없지만요.

자기 자신이 고정된 존재라고 착각하는 요즘 사람들은 이런 느낌을 모릅니다. 오히려 자신이 바뀌면 마이너스가 된다고 생각합니다. '나는 나'이므로 변할 리 없다고 믿기에 변하고 싶지 않을 뿐입니다. 그래서는 배움을 통해 새로 태어나는 느낌을 알 수 없죠.

그래도 앞서 언급했듯 인간은 좋든 싫든 끊임없이 변화합니다. 어떻게 변해갈지는 아무도 모릅니다. 나 자신이 변하면 내게 소중한 것도 달라지기 마련입니다. 그러니 예기치 못한 우연을 받아들일 수 있도록 인생의 몇 할은 비워둘 필요가 있습니다. 뒤에서 다시 설명하겠지만, 인생은 '이렇게 하면 그렇게 되는 것'하고는 거리가 멉니다.

# 도시화는 자연을
# '없는 것'으로 만든다

　현대인은 우연을 받아들이기 어려워합니다. 왜일까요? 도시화가 진행되었기 때문입니다. 내 표현으로는 '뇌화' 때문이지요.

　전쟁 후 일본의 특징은 한마디로 '도시화'입니다. 전후 일본 사회에서는 도시화만 일어났다고 해도 과언이 아닙니다. 그런데 도시 사람들은 자연을 없는 셈 칩니다. 나무와 풀이 자라고 있어도 건물이 없는 공간을 보면 사람들은 '빈터'라고 합니다. 인간이 이용하지 않는 한 빈 공간으로 인식하죠.

　빈터는 비어 있는 공간입니다. 그곳에는 나무, 새, 곤충이 살고 있죠. 땅속에는 두더지가 있을지도 모릅니다.

생물이 있으므로 비어 있지 않습니다. 그런데도 도시 사람에게 그곳은 그저 빈터일 뿐입니다.

나무, 새, 곤충, 두더지 모두 '없는 것'이나 마찬가지입니다. 아무튼 비어 있다고 봅니다. 나무가 자라는 곳을 빈터로 보고, 나무 같은 건 '없는 것'으로 취급합니다.

왜 자연을 없는 셈 칠까요? 빈터의 나무에는 사회경제적 가치가 없기 때문입니다. 도시에서는 매매 가능한 것만 '있다'고 인식합니다. 팔 수 없으면 현실적으로 없는 것이나 마찬가지입니다. 그래서 나무가 자라고 새가 살아도 빈터가 되는 것입니다.

일본 오카야마현에 있는 작고 오래된 신사神社의 스님이 새 신전을 갖고 싶었습니다. 그래서 경내의 800년 된 느티나무를 베어서 팔고 그 돈으로 새로운 신전을 지었죠. 800년 된 느티나무를 보존했다면 그 나무가 2,000년을 살았을지도 모릅니다. 수많은 사람이 그 나무를 보며 마음을 치유했겠지요. 그렇지만 그 나무를 판 돈으로 지은 신전은 기껏해야 1,000년도 못 갑니다. 이게 요즘 세상입니다.

사회경제적 가치는 현실과 깊은 관련이 있습니다. 지금 사회에서는 자연 그 자체에 아무런 가치가 없습니다. 관광업계에서 자연을 소중히 지킨다고 하는데, 그건 돈이 되기 때문입니다. 돈이 되어야만 가치가 있다는 것은 자연 그 자체에는 가치가 없다는 뜻이죠. 이처럼 자연에 가치를 부여하지 않는 이유는 대다수 사람에게 자연은 현실이 아니기 때문입니다. 우리는 현실이 아닌 것에 좌우되지 않습니다. 즉, 현실이 아닌 자연은 사람의 행동에 영향을 주지 않습니다.

부동산업자나 시청 공무원에게 땅에 뿌리를 둔 나무 따위는 베어버리면 그만입니다. 나무를 없애고 빈터로 만드는 데 아무런 거부감이 없습니다. 그들에게 자연은 본래 '없는 것'이니까요.

"그곳에 나무가 있으니 건축 방식을 바꾸자" "강 또는 숲이 있으니 마을을 조성할 때 이 부분을 더 고려하자" 등 이런 사고방식을 갖고 있으면 나무와 강과 숲은 현실이 됩니다. 그러나 빈터로 만드는 사람에게 나무는 현실이 아닙니다. 현실이 아닌데 현실에 존재하니, 방해물로 취급해 없애버리는 것입니다. 말 그대로 원래 없던 것처럼 나무를 지워버립니다.

머릿속에서 없애고 실제로도 베어내 완전히 지워냅니다. 부동산업자도 공무원도 자기가 다루는 대상이 토지 그 자체라고 생각하므로, 땅 위의 방해물을 전부 없애고 빈터로 만드는 데 거리낌이 없습니다. 잘 보이지 않는 땅속 두더지나 나무 이파리에 붙은 곤충 따위는 말할 필요도 없겠지요. 이런 것들은 현실이 아니기 때문입니다.

# 빨리 어른이 되라고
# 재촉받는 아이들

 이런 세계에서 아이들은 제대로 된 가치를 인정받지 못합니다. 아이의 미래는 아무도 모르기 때문입니다. 어느 정도 투자해야 적당할지 계산할 수가 없지요. 돈을 쏟아부어도 망나니가 될지 모릅니다. 현대사회에서 셈 빠른 사람들은 예측 불가능한 것에 투자하지 않죠. 그러니 자연과 마찬가지로 아이들도 '없는 것'이 됩니다.
 아니, 아이들은 엄연히 존재하지 않느냐고 반문할지도 모르겠습니다. 그렇습니다. 아이들은 분명 이 사회에 있지만 빈터의 나무 같은 존재죠. 있기는 해도 그 자체에는 가치를 두지 않는 것입니다. 현실이 아닌 것, 즉 사회경제적 가치가 없으니 당연합니다.

도시인은 나무를 없애는 느낌으로 아이한테 얼른 어른이 되기를 강요합니다. 도시는 어른이 만든 세계입니다. 아이가 하루빨리 그 도시 안으로 들어가길 바랍니다. 그러면 아이가 없어지기 때문입니다.

도시인에게 유아기는 원치 않지만 어쩔 수 없는 것입니다. 필요악 같은 거죠. 아이가 하루아침에 어른이 될 수는 없습니다. 하지만 그래도 순식간에 어른이 됐으면 편하겠다고 도시 어른들은 생각하는 듯합니다.

논밭을 일구고 씨를 뿌리는 시골 생활에서, 아이는 지극히 자연스러운 존재입니다. 인간의 '씨앗'을 정성껏 돌보고 길러냅니다. 다 자랄 때까지 공들여 보살피지요. 벼나 오이를 기르듯 아이 키우는 일이 당연하게 느껴집니다. 그런 사회에서는 육아와 일 사이에 원리적 모순이 없습니다. 구체적으로 하는 일은 거의 같습니다. '이렇게 하면 그렇게 된다'라는 계산과 예측 없이 그저 공들여 길러내는 것입니다.

## 육아나 자연은
예측 불가능한 것

　회사 같은 조직 안에서 일하다 보면 정성껏 보살피는 것과는 다른 합리성이 철저하게 요구됩니다. 여기서는 그런 합리성을 '이렇게 하면 그렇게 된다'로 표현하겠습니다.

　"왜 그렇게 바보 같은 짓을 했느냐" "성과가 나오는 시스템을 만들라고 하지 않았느냐" 하는 식으로 도시인은 윗사람에게 압박을 받습니다. 머릿속으로 꼼꼼하게 시뮬레이션하고 바람직한 결과가 나오도록 자기 행동과 비즈니스를 설계해야 합니다. 이런 과정을 끊임없이 반복해야 하죠.

　그런데 육아는 이런 방식과 다릅니다. '이렇게 하면

그렇게 된다'는 시뮬레이션이 불가능하기 때문에 어떻게 해야 할지 모르겠는 일의 연속입니다. 자연이란 원래 어떻게 될지 모르는 법이죠. 부품을 조립하면 예상대로 굴러가는 자동차나 컴퓨터가 아니므로, 아이가 어떻게 성장할지는 부모도 알 수가 없습니다.

도시와 지방은 인간이 접하는 대상이 전혀 다릅니다. 의식적으로 만들어진 것에는 도시적 합리성, 즉 '이렇게 하면 그렇게 된다'는 논리가 들어맞습니다. 자동차가 움직이지 않으면 연료가 없거나 어딘가 고장 난 게 분명합니다. 전문가라면 어디가 망가졌는지 확실하게 찾아낼 수 있죠. 아무 문제도 없는데 움직이지 않는 자동차는 존재하지 않습니다.

도시에는 인간이 만든 것만 있습니다. 그리고 인간이 만든 것에는 설계도가 있습니다. 아이들은 다릅니다. 우리 아이가 어딘지 이상하다고 느껴도 설계도 따위는 없으므로, 어디가 이상한지 확실히 알 수 없습니다.

그런 의미에서 도시 아이들은 불합리한 존재입니다. 도시인은 대부분 아이처럼 불합리한 존재를 상대하고 싶어 하지 않습니다. 아이를 낳고 싶어 하지 않는 이유입니다. 아이는 있으나마나 한 존재이고, 그래서 저출생 문제가 생깁니다.

빈터의 수목을 기르기보다 확실한 돈벌이를 찾으려 합니다. 나무를 잘 키워보려는 생각 따위는 하지 않죠. 요즘 수재秀才들은 계산해서 결과가 나오는 것에만 집중하려 합니다. 지방에서도 이런 영리한 사람이 늘어나면 자연은 사라지고 아이 또한 자취를 감춥니다. 그러므로 저출생과 지방 과소화는 같은 현상입니다. 현재 도시에만 사람이 많은 건 사회 전체가 도시화한 결과입니다.

도시인은 시뮬레이션대로 날아오르는 우주선에 감탄합니다. 매일 작물을 돌보며 애써 손질했는데 냉해 때문에 수확물이 없는 상황 따위는 납득하지 못합니다. 바보 같은 일이라고 생각하죠.

시뮬레이션할 수 없는 상태일 때 도시인은 반드시 묻습니다. "어떻게 해야 할까?" 그 질문 자체에 '이렇게 하면 그렇게 된다'는 전제가 있으므로 "시뮬레이션은 불가능하다"고 알려주면 또 묻습니다. "그럼 어떻게 해야 하지?"

앞에서 '안다는 것'은 자신이 바뀌는 것이라고 했지요. 그런데 어떻게 바뀌는지 시뮬레이션할 방법이 없습니다. 그러니 '이렇게 하면 그렇게 된다'가 전제인 도시에서는 '안다는 것' 자체가 어려울 수밖에요.

2장

자기 자신을 안다는 거짓말

# 머리로 생각하는 '안다는 것'

"안다는 건 무엇일까요?"

이 책은 누마구치 씨의 이 질문에서 시작되었습니다. 아마 누마구치 씨의 질문은 '뇌로 생각해서 아는 것'에 대한 이야기였을 테지요.

최근에는 뇌과학의 발전으로 다양한 일을 뇌의 측면에서 논의하곤 합니다. 이른바 과학적 설명입니다.

"주전자에 든 물이 끓었다"를 화학적으로는 어떻게 설명할까요? "약 2리터의 $H_2O$가 거의 섭씨 100도가 되었다." 대략 이렇지 않을까요?

화학 지식을 어느 정도 지닌 사람만 이런 설명을 이해할 수 있을 겁니다. 그런 화학 지식을 지닌 사람이라면,

이런 정보가 그의 세계를 넓혀줄 수 있습니다.

그럼 뇌에 대해 설명해볼까요? 뇌는 중추신경계라 불리며, 뉴런이라는 수천억 개의 신경세포와 이를 보조하는 글리아세포로 이뤄져 있고, 신경세포끼리는 시냅스 구조로 상호 연결되어 있는데, 시냅스는 흥분성과 억제성이 있고…… 이런 식으로 이야기가 끝없이 이어질 겁니다.

듣는 사람이 조금 더 간결한 설명을 원한다고 해도 짧게는 설명할 수가 없습니다.

한편, 화학에서는 구름, 안개, 증기, 미네랄워터도 전부 $H_2O$입니다. 이런 지식을 지니고 있으면 세계를 더 잘 이해할 수 있죠. 어떻게 바닷물이 구름이 되는지도 알게 될 테고요.

## 머릿속
## 여러 세계

앞에서 얘기했던 '2a-a=2'를 다시 한번 살펴보겠습니다.

'2a에서 a를 빼면 2가 남는다'고 생각하는 아이는 아직 일상 언어의 세계에 있는 것입니다. 아이는 태어나면 누구나 일단 일상 언어의 세계에서 자랍니다. 본인이나 주변 사람들은 자각하지 못할 수 있지만요. 이 일상 언어의 세계란 우리가 평소 사용하는 언어의 세계를 말합니다. 그래서 일상을 살아가는 데 전혀 문제가 없죠.

그런데 수학에는 '수학의 세계'가 따로 있습니다. 이것은 일상 언어의 세계와 다릅니다. a나 방정식에서 쓰는 $x$는 일상 언어의 세계에서 쓰는 '말'이 아니라, 수학의 세계에서 사용하는 '기호'입니다. 영어는 일본어와 아예 다르니 두 세계가 다른 게 바로 보이는데, 수학에서는 일상 언어의 세계와 수학의 세계가 다른 곳임을 자칫 깨닫지 못할 수 있습니다. 용기를 내서 일상 언어의 세계를 벗어나 수학의 세계로 뛰어드는 것이 바로 '수학을 배우는 것'입니다. 일종의 모험입니다. 익숙하고 친숙한 세계를 벗어나 한 번도 본 적 없는 세계로 들어가는 일이니까요.

문자식이 나오는 중학 수학은 기본 산수와는 세계가 다릅니다. 일상 언어의 세계를 떠나려 하지 않는 아이들은 이 단계에서 수학을 이해하지 못합니다. 그래서 '2a-a=2'가 되는 겁니다. 이는 일상 언어의 세계에서는 바른 답일지 몰라도 아직 수학의 세계에 들어가지 못했다는 뜻이며, 오답입니다.

현대는 언어의 시대입니다. 내가 어릴 때와 비교하면 요즘 아이들은 흡사 언어의 달인 같습니다. 충분히 언어의 세계에 익숙해져 있죠. 그래서 예전보다 일상을 벗어나 수학의 세계로 뛰어드는 게 어려운 건지도 모릅니다.

고등학교에 올라가면 이과와 문과를 나누기도 하는데, 이때 만사를 일상 언어의 세계에서 해결하고 싶은 사람은 문과를 선택하고, 별다른 저항 없이 그 세계에서 벗어날 수 있는 사람은 이과를 선택한다고 말할 수도 있습니다.

우리가 왜 일상 언어의 세계를 벗어나야 하는지 그 이유를 모른 채 공부하면 앞으로 나아갈 수 없습니다. 앞서 언급한 화학이나 뇌과학도 마찬가지입니다.

사실 일상 언어의 세계는 많은 오류를 포함하고 있습니다. 이는 물리학 같은 자연과학이 어떻게 시작되었는지를 생각하면 이해하기 쉽습니다. 크기는 같고 무게가 다른 2개의 공을 동시에 떨어뜨리면 어떤 것이 먼저 땅에 닿을까요? 일상 언어의 세계에서 막연하게 생각하면, 무거운 공이 먼저 땅에 닿을 것만 같습니다. 갈릴레오는 이를 피사의 사탑 위에서 실제로 확인해봤습니다. 그랬더니 2개의 공이 동시에 지면에 닿았습니다.

일상 언어의 세계는 특히 사물을 대할 때 꽤 어설픈 면이 있습니다. 오류가 많아집니다. 그래서 갈릴레오는 언어의 세계가 아니라 눈으로 보고 이해하는 세계로 이야기를 돌려놓았죠. 그걸 실제로 확인한 겁니다. 공이 떨어지는 걸 눈으로 본 겁니다. 실험을 통해 실제로 체험한 겁니다.

## 체험으로 아는 것,
## 머리만으로 아는 것

각 학문 분야에서는 일상 언어와는 다른 세계가 만들어집니다. 여기서 말하는 '세계'는 머릿속의 세계를 말합니다. 머릿속에는 그런 세계가 여럿 있어서 익숙해지면 그곳을 자유롭게 오갈 수 있지요.

딱히 그런 세계에 들어가고 싶지 않다는 말은 공부 같은 건 하고 싶지 않다는 얘깁니다. 아무리 그렇더라도 한 번 정도는 일상 언어의 세계를 떠나보는 것도 재미있지 않겠습니까? 자, 머릿속 여행을 상상해봅시다. 머릿속이니 돈도 들지 않습니다. 몸도 지치지 않고요.

이건 매우 중요한 부분입니다. 실제로 여행을 하면 몸을 씁니다. 머릿속 여행에서는 몸을 쓰지 않습니다.

기껏해야 손끝을 맴도는 정도입니다. 실제 여행을 통해 아는 것과 머릿속에서만 아는 것에는 커다란 차이가 있습니다. '잘 안다' '깊이 이해한다'고 할 때 우리는 '납득한다'고 표현합니다. 일본어로는 '후니오치루腑に落ちる'라고도 하는데, 여기서 '후腑'는 오장육부五臟六腑의 '부腑'입니다. 요컨대 뱃속부터 아는 게 '납득'인 것입니다. 여기에는 몸이 포함되어 있죠. 몸을 포함해서 이해하는 방식, 이는 머릿속 여행하고는 다릅니다.

흔히 "구체적으로 설명해주세요"라고들 하지요. 앞의 예시로 설명을 해볼까요?

4a-a=?

a는 뭐든 상관없으니 사과라고 해보겠습니다. 사과가 4개 있습니다. 거기서 1개를 빼면 3개가 남습니다. 이 설명에서는 눈앞에 사과가 있습니다. 우리는 그 사과를 '본다'고 생각합니다. 눈을 사용해서요. 즉, 몸을 쓰고 있는 거죠. 이렇게 몸을 포함하면 추상적인 숫자가 구체적으로 변합니다. 알기 쉬워지는 것이지요.

나는 대학에서 오랜 기간 해부학을 가르쳤습니다. 해부학은 머릿속으로 배우기가 어렵습니다. 손을 조금 움직일 때도 근육을 사용합니다. 수업에서 '손'에 대해 설명할 때도, 근육 이름을 나열하며 말로만 설명하면 학생들은 뭐가 뭔지 잘 모릅니다. 그래서 실제로 해부를 하면서 우리가 단순히 '손'이라 부르는 부위가 꽤 복잡한 구조임을 확인하도록 합니다. 각 근육이 뼈의 어디서 시작해서 어디서 끝나는지, 그 근육이 수축하면 어떻게 되는지 생각하도록 하는 거죠.

의대에 다닐 때 정형외과 교수님이 환자를 진찰하는 현장을 견학한 적이 있습니다. 교수님은 근육 리스트를 들고서 환자를 진찰했습니다. 환자한테 다양한 방식으로 손을 움직이게 하고는 리스트에 적힌 각 근육에 플러스(+) 표시를 했습니다. 근육이 제대로 움직이면 플러스 셋, 불충분하면 플러스 하나, 이런 식으로요. 이게 얼마나 대단한 일인지 잘 와닿지 않을 수도 있지만, 이런 진찰은 해부학에 정통하지 않으면 불가능합니다.

세월이 흘러 나는 해부학 '전문가'가 되었습니다. 하지만 그 정형외과 교수님처럼 되지는 못했습니다. 지금도 여전히 그 교수님이 참 대단했다고 생각할 따름입니다.

# '안다는 것'의
# 기초가 되는 학습법

　나는 초등학교 때부터 곤충채집을 했습니다. 채집망을 휘두르며 나비도 잡고 잠자리도 잡았죠.
　어느 날인가 나처럼 어렸을 때부터 나비를 채집했다는 사람을 만났습니다. 대화를 나누던 중 나비가 정면에서 날아올 때 망을 어떻게 휘두르는지에 관한 이야기를 들었습니다. 그 사람은 나비가 정면으로 날아오면 우선 그냥 한 번 망을 휘두른다고 했습니다. 그러면 놀란 나비는 옆으로 도망쳤다가 곧바로 다시 원래 방향으로 돌아서려 하죠. 그때 다시 망을 휘둘러서, 즉 망을 뒤집어서 나비를 잡는다는 거였습니다.
　이쯤 되면 이른바 '달인'의 영역입니다. 나비 채집 하나만 해도 정말 '안다는 것'에 이르려면 꽤 많은 경험이 필요하다는 걸 절감합니다. 이게 바로 몸을 통해 아는 것입니다.

경험으로 무언가를 배우기는 힘듭니다. 시간이 들기 때문입니다. 나비 채집도 이때는 이렇게, 다음에는 저렇게, 하는 식으로 일일이 기억할 수 없습니다. 그래도 그런 경험을 쌓다 보면 어느새 머릿속에 공통된 규칙이 생겨납니다.

뇌는 그런 의미에서 꽤 효율적인 시스템을 갖추고 있죠. 그래서 모든 걸 일일이 기억하지 않아도 됩니다. 전부 기억하려다가는 머리가 금세 터져버리고 말겠지요. 뇌는 여러 번 거듭된 시행 속에서 공통된 규칙을 찾아냅니다. 그러면 구체적인 예를 더는 기억할 필요가 없습니다.

앞에서도 언급했지만, 아기는 태어나서 어느 정도 지나면 엉금엉금 기기 시작합니다. 그렇게 조금 움직였더니 눈앞에 있는 사물이 커집니다. 커지면서 형태도 조금 달리 보일지 모릅니다. 그래도 아기는 매번 달라지는 그 형태를 기억하지는 않습니다. 다만, 자기와 대상의 거리가 멀어지면 작게 보이고 가까워지면 크게 보인다는 걸 알게 됩니다.

이때 바뀌지 않는 형태는 무엇일까요? 이걸 수학으

로 익히면 '비례'가 됩니다. 비례는 학교에서 배우고 머리로 생각하는 개념 같지만, 그렇지 않습니다. 몸을 움직이며 주위를 보고 있으면 저절로 머릿속에 생기는 규칙입니다. 가까이 있을 때 고양이는 멀리 가도 고양이이고, 가까이 있을 때 호랑이는 멀리 가도 호랑이입니다. 멀리 있는 호랑이를 고양이라고 생각했다가는 호랑이한테 먹혀버리겠지요.

이렇게 우리는 세상을 살면서 머릿속에 다양한 규칙을 만들어냅니다. 선조 대대로 그렇게 생존해왔습니다. 교과서를 읽거나 선생님 말씀을 듣는 것만 '배움'이 아닙니다. 배우는 것이 '아는 것'의 기초입니다.

일상 언어의 세계는 익숙하고 편합니다. '왜 그런 세계에서 나와야 하지?' 이렇게 생각하는 사람도 있겠지요. 사실 일상 언어의 세계에는 많은 오류가 있습니다.

특히 사물을 대할 때 큰 오류를 범합니다. 집 근처에서만 지내면 '대지는 평탄하고 움직이지 않아서 안심된다'고 생각할 수 있습니다. 하지만 인공위성에서 보는 지구는 둥글며 끊임없이 움직이죠. 이처럼 물리학의 세계는 일상 언어의 세계에서 만들어진 상상과 전혀 다를 수 있습니다.

일상 언어는 인간끼리 의사를 전달하고 필요한 걸 서

로 가르치기 위해 발달해왔습니다. 그래서 사람이 아닌 상대, 즉 사물을 상대하는 데 익숙하지 않습니다. 서구 사회에서는 중세까지 자연을 《성경》에 쓰인 대로의 세계라고 이해했습니다. 그래서 대지가 중심이고 태양이 움직인다는 천동설이 나온 것입니다. 《성경》은 문자로 쓰여 있으므로 일상 언어의 세계입니다.

## 인간은 상징을 공유한다

앞에서 언급했듯이 현대 인류인 호모사피엔스의 뇌는 상징과 기호를 조작하는 능력을 발달시켜왔습니다. 상징이란 그 자체로는 용도를 알 수 없습니다. 예를 들어, 약 4만 5,000년 전 서구 유적지에서 원반 형태로 깎인 매머드 이빨이 발견되었습니다. 아무리 옛사람이 한가했다고 해도 매머드의 딱딱한 이빨을 갈고닦는 데는 상상할 수 없는 시간이 걸렸을 겁니다. 그런데 그 이빨 자체로는 무슨 용도인지 알 수가 없습니다. 분명 무언가의 상징으로 만들었겠지만요.

원시인과 구舊인류 등 그 이전의 인류는 그들이 '더 잘 아는 것'밖에 만들지 않았습니다. 현생인류 이전의 유적지에서는 칼이나 도끼가 발굴되었죠. 이것들은 그 형태 자체에서 용도를 유추할 수 있으므로 상징이 아닙니다.

우리는 다양한 상징을 사용합니다. 부적, 액세서리에는 칼 같은 구체적인 용도가 없죠. 개나 고양이한테 부적과 액세서리를 보여줘도 그게 뭔지 모릅니다. 바둑, 장기, 마작, 골프, 야구 등에 사용하는 도구도 그 게임의 규칙을 모르면 의미를 알 수 없습니다.

언어도 그렇습니다. 언어야말로 상징의 전형이지요. '나무'라는 뜻의 '키木, き'를 소리 내어 말해도 일본어를 모르는 사람은 그게 무슨 의미인지 알지 못합니다.

이런 상징체계는 특정 집단에 공유됩니다. 이것이 공동체입니다. 공동체는 언어, 혼례나 장례, 그 밖의 사회적 의례와 통화 등을 공유합니다. 즉, 상징과 상징체계를 공유합니다. 이렇게 집단에서 상징체계를 공유하는 걸 '공통 이해'라고 부르겠습니다.

상징체계에는 일정한 논리가 있습니다. "사람은 죽는다. A는 사람이다. 그러므로 A는 죽는다." 이 같은 삼단논법은 언어가 갖춘 논리입니다. 이를 활용하면 '논리적으로' 타인을 설득할 수 있습니다. 논리와 수학은 좋든 싫든 결론을 확인할 수밖에 없습니다. 이것을 '강제 이해'라고 칩시다.

　논리를 활용한 강제 이해가 더 나아가면 증거 수집 형태를 띱니다. 예컨대 자연과학은 관찰과 실험을 통해 확인합니다. 이처럼 증거에 따라 밝히는 것을 '실증'이라고 합니다. 많은 사람이 자연과학을 절대적 진리라고 생각하는 것은 '실증적 강제 이해'라는 힘이 작용하기 때문입니다.

　이렇게 보면 문명은 우선 언어 같은 상징에 따라 '공통 이해'가 시작되고, 논리학·철학·수학에 의해 '강제 이해'를 이루고, 더 나아가 자연과학의 '실증적 강제 이해'로 진행되어왔다고 말할 수 있습니다.

## 뇌는 '달라지는 나'를
## 잘 다루지 못한다

 가능한 한 많은 사람에게 공통 이해를 확대하는 것이 문명이라면, 그걸 이해하지 못하는 사람은 철저히 배제당하는 게 자연스럽습니다.
 그런데 이상하게도 현대에는 자기주장이나 개성을 펼치는 일이 중요하다고들 말합니다. 이게 왜 이상한 얘기일까요? 가게 앞에 사람들이 길게 줄을 서 있는데, 그걸 무시하고 무작정 들어가면 틀림없이 쫓겨날 것입니다. 장례식장에서 박장대소를 터뜨리는 일 또한 마찬가지입니다. 두 사례 모두 자기주장이나 개성을 훌륭히 발휘한 것이나 공통 이해와는 동떨어져 있으므로 주변 사람들은 그저 극심한 민폐로만 느낄 뿐이죠. 심하면 경찰에 신고당할 수도 있습니다.

대체 왜 그럴까요? 여기서 자기 자신에 대해 생각해 볼 필요가 있습니다.

앞에서 정보는 변하지 않지만, 인간은 끊임없이 변화하는 존재라고 설명했습니다. 공통 이해나 강제 이해는 정보이므로 변하지 않죠. 부적의 의미가 어제오늘 달라지면 곤란하겠지요.

한편, 인간은 변화하는 존재이므로 당연히 나 자신도 계속 달라집니다. 그런데 뇌는 시시각각 변화하는 자기 자신을 제대로 다루지 못합니다. 그래서 뇌는 자기 자신을 억지로 고정하려 하죠.

개인의 이름이 그 전형입니다. 일본인은 결혼해서 성이 달라져도 이름은 평생 똑같습니다. 백일 때 사진 속 나와 여든이 넘은 나는 도저히 같은 사람으로 보이지 않지만, 그때나 지금이나 이름은 똑같습니다.

사람에게 이름을 붙이는 이유는 그렇게 하지 않으면 사회 안에서 자기 자신을 다룰 수 없기 때문입니다. 그런 의미에서 이름은 고정된 자기 자신인 셈입니다.

자신을 고정하는 또 다른 것이 바로 신분제도입니다. 일본 에도시대의 봉건제도가 전형적인 예입니다. 신분 고정은 이름 짓기의 연장선으로 이해할 수 있습니다. 현대인은 봉건제라고 하면 시대에 뒤떨어진 제도라고 생각하기 십상이지만, 자기 자신을 고정하는 뇌의 한 방식으로 볼 수도 있습니다.

# 서양과 일본이 '자기 자신'을 인식하는 방식

일본에서는 메이지시대(1868~1912) 들어 자기 자신에 대해 예전과 전혀 다른 사고방식이 유입되었습니다.

서양에서는 애초에 자기 자신은 고정되어 있다고 생각했습니다. 그런 생각의 바탕엔 육체는 자기 자신이 아니라는 믿음이 있었죠. 영국 철학자 존 로크John Locke는 《인간 지성론》이라는 책에서 "손가락을 잘라내도 나는 줄지 않는다. 육체는 내가 아니기 때문이다"라고 말했습니다.

손가락이 아니라 머리라면 어떨까요? 조금 구체적으로 뇌의 일부를 '잘라내면' 어떻게 될까요? 그래도 존 로크는 "나는 줄지 않는다"고 단언할 수 있을까요?

현대 과학의 관점에서가 아니라 설령 로크와 같은 시대에 살았더라도 나는 "로크 씨, 그건 말씀이 조금 지나치십니다" 하고 말했을 겁니다. 나는 나 자신과 손가락이 다른 존재라고 생각하지 않기 때문입니다. 아마도 이건 내가 일본인이라는 사실과 관계가 있을 겁니다. 일본인에게는 몸과 마음이 완전히 분리된다는 발상 자체가 없죠. 신체가 자신의 일부이므로 손가락도 자신의 일부입니다.

그러나 로크는 자기 자신에 신체를 포함시키지 않습니다. 비단 로크만이 아닙니다. 서구 문명은 꽤 오래전부터 '나 자신은 내 육체가 아니고, 육체는 나 자신이 아니다'라고 생각했습니다.

이는 서양의 기독교 세계관과 관련이 있습니다. 기독교에서 영혼은 불멸입니다. 영혼은 육체가 아니고, 육체는 영혼이 아니죠. 육체는 그저 영혼이 잠시 지나는 곳일 뿐입니다.

영혼이 불멸이 아니라면, 신은 마지막 심판을 할 수 없으니 꽤나 곤란해집니다. 그래서 영원히 변치 않는 것으로서 영혼이 꼭 있어야 합니다. 변하지 않는 나, 즉 자기 동일성을 암묵적 전제로 삼는 것입니다.

이런 사고 구조는 기독교뿐만 아니라 이슬람교, 유대

교에도 있습니다. 많은 현대인이 종교를 진심으로 믿지 않는다고 해도, 이런 문화적 전통은 간단히 바뀌지 않습니다. 서양의 근대적 자아는 중세 이래 '불멸의 영혼'을 근대적이고 이성적으로 바꿔 말한 것입니다.

자아를 파악하는 서양인의 방식은 일본인의 전통적 사고방식과 전혀 다릅니다.

일본 간사이 지방에서는 상대를 '자기'라고 부릅니다. 여기서 자신과 상대를 동일시하고 있음을 알 수 있죠. 이는 간사이 지역에만 한정된 이야기가 아닙니다. 시대극에서 에도 상인이 자기 자신을 가리킬 때 '데마에도모手前ども'라고 표현하는 걸 본 적이 있을 겁니다. 그런데 번화가에서 싸움이 나면 상대방을 '데마에手前'라고 부릅니다. 같은 말인데, 상인끼리의 대화에서는 자기 자신을 뜻하고, 싸움이 났을 때는 상대방을 가리킵니다.

어째서 일본어에는 그런 표현이 있을까요? 일일이 의식하지 않아도, 굳이 말로 하지 않아도 자기 자신이 존재한다는 걸 확신하기 때문일 것입니다. 바꿔 말해 무의식 차원에서 자신과 상대를 구별하고 있으면, 상황에 따라 표현이 달라져도 상관없습니다. 매번 "나는 나다"라고 말로 명확하게 구분할 필요가 없는 것이죠. 이미 확실하게 구별하고 있기에 문제가 되지 않는 겁니다.

서양인에게는 이런 느낌이 와닿지 않을지도 모릅니다. 그들에게는 의식적인 자아만 자기 자신입니다. 그래서 언제나 '나'를 비롯한 주어가 필요하죠. 일본어 문장이나 대화에서는 굳이 '나'라는 주어를 넣지 않는 편이 오히려 자연스럽습니다. 그러나 영어에는 반드시 'I'라는 주어가 있어야 합니다.

# 근대적 자아의
# 침입

 메이지시대가 되자 어느 날 갑자기 나와 너를 동일시하던 세계에 의식적 자아가 침투했습니다. 당시에는 뭐든 서구를 배워야 한다는 풍조였으므로 달리 방도가 없었죠.

 그런데 원래 일본에는 그런 사고방식이 없었으니, 그 후 성가신 문제들이 발생했습니다. 일본과 서양을 비교하며 "일본인에게는 자아가 없다" "개인의 확립이 중요하다" "자기 의견을 분명하게 말해라" "개성을 펼쳐라"라는 주장이 제기된 겁니다. 이런 주장의 발단은 메이지시대 일본에 침투한 '근대적 자아'에 있습니다.

 일본에서 나타난 소설 형태인 사소설私小說도 근대적

자아가 침투한 결과라고 볼 수 있습니다. '독립된 자아'라고 해도 보통 사람은 그게 뭔지 잘 모릅니다. 모르니까 자기가 매일 하는 일을 신중하게 기록했고, 그게 이른바 사소설이 된 겁니다. 그 방법 외에는 자기 자신에 대해 곱씹어볼 방법을 몰랐기 때문이죠.

당시 일본에 근대적 자아는 딱히 필요치 않았으므로 그걸 문제 삼는 사람은 오직 지식인뿐이었습니다. 이를테면 영국에서 유학한 나쓰메 소세키夏目漱石는 근대적 자아에 대해 잘 알고 있었고, 그래서 '나의 개인주의' 같은 강연을 한 것이지요.

그러나 소세키는 개인주의를 장려하거나 근대적 자아를 도입하자고 주장하지는 않았습니다. 그는 메이지 시대 사람으로서 자신이 사는 세상에 대한 이해가 깊었습니다. 그래서 개인을 인식하는 서양식 사고방식과 일본의 대립을 직접 느끼며 몹시 고민했죠. 그런 고민 탓에 위궤양이 생겼는지도 모릅니다.

소세키나 모리 오가이森鷗外 같은 근대 문학가의 작품에서는 근대적 자아에 관한 문제를 엿볼 수 있습니다. 소세키는 만년에 '칙천거사則天去私'라는 말을 자주 썼습니다. "하늘에 따르고 나를 버린다"는 뜻이죠. 여기서 '나'는 근대적 자아라고 생각해도 무방하겠지요. 근대

지식인이었던 소세키도 마지막에는 "나를 버린다"고 한 겁니다.

그런데 어디서 뭐가 어떻게 잘못됐는지 제2차 세계대전 때는 멸사봉공滅私奉公, 일억옥쇄一億玉碎(태평양전쟁 당시 일본군의 슬로건 중 하나. 전 국민이 본토 결전에 옥처럼 아름답게 부서질 각오로 임한다는 의미—옮긴이)의 세상이 되었습니다. '멸사'는 '나를 멸한다'는 뜻입니다. 결과는 패전이었죠. 멸사의 세계가 무너지고 새로운 헌법이 성립되자 서양식 자아가 당당히 활개를 치기 시작했습니다.

## 인간 자체가
## 정보가 되다

    자기한테 맞는 일이나 자아를 찾는다고 말하는 사람은 서양에서 말하는 '나'를 생각하고 있는 것입니다. "나는 나다" "나는 바뀌지 않는다" "그러니 그런 내게 맞는 일이 있다" "변하지 않는 나를 발견해야 한다" 이렇게 믿습니다.
    1915년에 소설가 프란츠 카프카Franz Kafka가 《변신》이라는 신기한 소설을 발표했습니다. 주인공 그레고르 잠자는 평범한 근로자입니다. 지금으로 따지면 일반 회사원인데, 어느 날 아침 자신이 사람 크기의 커다란 벌레가 되었음을 깨닫게 됩니다.
    그때 그레고르 본인은 여전히 자기 자신을 그레고르

잠자라고 생각합니다. 그런 생각의 근거는 바로 '의식'입니다. 벌레가 되어도 '나는 나'라는 의식은 변하지 않죠. 신기한 일입니다.

아침에 잠에서 깨어나 '나는 나이고, 오늘은 어제의 연속'이라고 생각하는 것은 의식이 돌아왔다는 뜻입니다. 의식은 잠자는 동안 꺼졌다가 아침이 되면 돌아옵니다. 그때마다 우리는 '나는 나'라고 확인합니다. 물론 확인 그 자체는 무의식적으로 이루어집니다. 의식은 멋대로 사라졌다가 멋대로 돌아오죠.

카프카는 알고 있었습니다. 당시 사회의 상식대로라면, 몸이 벌레가 되어도 의식은 '나는 나'라고 주장하리라는 것을 말입니다. 지금은 카프카의 예상대로 되었습니다. 우리의 현대사회, 정보화사회가 그렇습니다.

왜 정보화사회라고 할까요? 누구나 텔레비전, 컴퓨터, 휴대폰을 갖고 있고 매일 엄청난 양의 정보가 쏟아져 나오니 정보화사회인 것일까요?

나는 정보화사회라는 말을 다른 의미로 사용합니다. '인간 자체가 정보가 되었다'는 의미로 쓰죠. 인간이 정보화되었습니다. 앞에서 정보는 변하지 않는다고 했습니다. '늘 똑같은 나'는 '변하지 않는 나'입니다. '변하지 않는 나'는 '정보로서의 나'입니다.

## 죽음을 이해하지 못하는 현대인

정보화사회에서는 정보와 인간을 뒤바꿔 생각합니다. 나 자신은 이름, 즉 정보이므로 언제나 '같은 사람'입니다.

나는 정보라서 변하지 않으니 '죽음'을 이상한 일처럼 느낍니다. 죽는 것은 자신이 달라지는 것이기 때문입니다. 똑같은 나, 변하지 않는 나라면 죽음은 확실히 이상한 일입니다. 그래서 현대인은 죽는 것을 이해하지 못합니다.

불교에서는 생로병사를 네 가지 고통이라고 합니다. 네 가지 고통은 일생이 변화의 연속임을 나타냅니다. 그런데 현대에는 그게 전부 이상한 일이 되어버렸습니다.

그리고 동시에 교육이 무엇인지도 모르게 되었습니다. 변하지 않는 자신을 중시하니 당연한 일입니다.

사람이 변하지 않는 사회에서 가장 고생하는 건 아이들입니다. 왜일까요? 아이들은 가장 빨리 변화하는 사람이기 때문입니다. 자라는 것, 즉 달라지는 것 자체가 아이들에겐 목적이나 다름없죠.

그런데 정보화사회에서 정보는 딱딱하게 굳어 멈춰 있으므로 아이들까지 굳게 만듭니다. 그 연장선에서 "개성을 펼쳐라" "자아를 찾아라" 하고 다그친들 그런 자아가 있을 리 없습니다. 당사자가 끊임없이 변화하고 있으니까요.

그렇다면 개성이란 무엇일까요? 개성을 펼치는 교육이란 어떤 것일까요?

당신을 다른 이와 헷갈리는 사람은 없습니다. 유난히 정신이 없는 사람이라면 몰라도, 남들이 당신을 당신이라고 알아보는 까닭은 얼굴과 행동이 달라서, 즉 몸이 다르기 때문입니다.

사람마다 몸이 얼마나 다르냐 하면, 한 예로 부모의 피부를 아이에게 이식해도 피부가 붙지 않습니다. 아이의 피부를 부모에게 이식해도 마찬가지입니다. 그냥 두면 이식한 피부는 이내 떨어져버립니다. 이처럼 몸은 저절로 자신과 타인을, 설령 부모라 해도 구별합니다. 그것이 개성입니다. 이처럼 확실히 구별되는 것, 부모와 자식 간에도 서로 통하지 않는 것, 그게 바로 개성입니다.

그러므로 개성이란 실은 몸 그 자체입니다. 그러나 흔히 개성이란 마음이라고 생각합니다. 여기에 커다란 오해가 있습니다.

# 마음은
# 공통성을 지닌다




 마음은 공통성 그 자체입니다. 이렇게 말하면 많은 사람이 어리둥절해합니다. 흔히 마음은 나만의 것인 줄 알기 때문입니다.
 하지만 마음에 공통성이 없으면 '공통 이해'는 성립하지 않습니다. 우리는 공통 언어를 가지고 있으므로 "점심을 먹는다"라고 말하면 뜻이 통합니다. 언어가 통하지 않으면 말하는 의미가 없습니다. 통한다는 것은 생각이 '같다'는 뜻입니다.
 그러니 마음은 공통성을 갖지 않으면 전혀 의미가 없습니다. 감정도 마찬가지입니다. 슬픔을 아무리 표현해도 그게 통하지 않는다면 얼마나 서글플까요? 내가 슬

퍼할 때 친구도 슬퍼해줍니다. 내가 기뻐할 때 친구도 기뻐해줍니다. 그게 공감입니다. 감정도 공통성을 요구하는 것입니다.

"내 개성은 나만의 생각, 나만의 감정, 나만의 마음에 있다"라는 전제 자체에 커다란 오해가 있습니다. 마음에 개성은 없습니다. 타인이 이해할 수 없는 것을 이해하고 느끼지 못하는 것을 느끼는 사람이 있다면 그건 병입니다. 자기 생각을 설명했을 때 다른 사람이 알아준다면 그것은 나만의 생각이 아닙니다. 마음이 공통성을 지닌다는 건 이런 뜻입니다.

여기서 개성은 몸입니다. 야구 선수 오타니 쇼헤이를 보면 금방 이해할 수 있죠. 오타니의 몸을 따라 하는 것은 불가능하기 때문입니다.

수학 문제는 선생님께 풀이 방법을 배워서 똑같이 따라 할 수 있습니다. 그것이 앞서 말한 '강제 이해'입니다. 정답은 늘 같죠.

뇌는 다릅니다. 뇌 자체는 몸이므로 개성이 있습니다. 그런데 그 뇌의 기능, 특히 마음이라 불리는 기능, 즉 의식의 기능은 사람들 사이에 공통돼야 합니다. 그러므로 의식, 곧 마음은 '같다'고 볼 수 있습니다. '생각은 사람마다 다르다' '모두는 별개의 존재다'라고 여기는 이유는 그런 것들이 눈에 보이지 않기 때문입니다. 시험 삼아 이런 말을 다른 사람에게 하면 "또 바보 같은 생각을 하느냐" 혹은 "그래, 네 말이 맞다"라는 얘길 들을지도 모릅니다. 어느 쪽이든 내 생각이 상대에게 통하고 있다는 뜻입니다.

    타인에게 통하지 않는 생각을 자기 안에 가져봐야 의미가 없습니다. 어째서 이렇게 당연한 상식이 통하지 않게 되었을까요? 마음에 개성이 있다고 생각하기 때문에, 요즘 젊은이들이 그 개성을 찾느라 엄청난 노력을 쏟는 것입니다. "내게는 남과 다른 개성이 있다"는 걸 증명하려 합니다. 그게 헛수고일 뿐이라는 건 말할 필요도 없겠지요.

# 인정받고 싶을 때 개성에 집착한다

젊은이들이 개성에 집착하는 이유는 자신이 사회적으로 가치를 인정받지 못한다고 느끼기 때문일 겁니다. 요즘엔 이걸 '인정 욕구'라고 하지요. "나는 개성 있고 특별한 존재이므로 가치가 있는 게 당연하다." 이런 말을 하고 싶은 겁니다. 자신은 '세상에 하나밖에 없는 꽃'이라고요.

그 기분도 이해는 됩니다. 그렇지만 '세상에 하나뿐인 꽃'은 자신의 '마음'이 아닙니다. 주변을 둘러보세요. 자연에 있는 모든 것은 원래 이 세상에 하나밖에 없습니다. 대체할 수 없는 것이지요. 뇌가 '같다'고 인식한 것은 무엇이든 대체할 수 있습니다. 자동차는 망가져도 다시 만들 수 있죠. 이 자동차나 저 자동차나 매한가지이기 때문입니다. 그러나 사람의 몸은 그렇지 않습니다.

몸을 만드는 것은 유전자의 작업입니다. 그 유전자의 조합은 사람마다 다르고요. 그게 개성입니다. 획일화할 방법이 없죠. 복제인간을 만들지 않고서야 몸을 획일화하는 건 불가능하므로 개성은 늘 존재합니다. 여기서도 복제인간을 만들려고 하는 것은 다름 아닌 뇌, 곧 의식입니다. 의식은 몸도 똑같지 않으면 불안해하지요. 그러니까 복제인간을 만들 생각도 하는 것입니다.

그런 의미에서 개성의 정의를 다시 살펴볼 필요가 있습니다. 뇌도 신체의 일부이므로 "나와 당신의 뇌는 다르다"고 인정해 그 차이를 극복하면 서로 말이 통하게 됩니다. 그 후에는 마음의 몫입니다.

몸이 개성이라는 것은 그런 뜻입니다. 우리 몸은 자연입니다. 도시화한 사회, 정보화한 사회는 의식의 사회이고 거기엔 자연이 없습니다. '같음'만 반복하는 세계입니다. 그런 곳에서는 '다른' 개성이 인정받지 못합니다.

학교도 사회이므로 당연히 사회의 상식으로 움직입니다. 학교 역시 도시 사회, 의식의 세계입니다. 그러므로 학교에서는 몸이라는 개성이 사실상 평가받지 못합니다. 몸은 자연이므로 오히려 없는 편이 낫다는 취급을 받습니다.

도시는 의식과 마음의 세계이므로 '마음'을 개성으로 삼는 수밖에 없습니다. 머리가 좋다고 칭찬하고 그것을 개성으로 치부합니다. 머리가 좋다는 것은 어떤 의미일까요? 열 자리 숫자를 단번에 외우는 것으로 유명한 사람이 있습니다. 그런 암기 외에는 아무것도 하지 않는 인생을 살아온 사람입니다.

전통 예능을 배우면 진정한 개성이 무엇인지 이해할 수 있습니다. 거기서는 스승이 하는 대로 따라 해야 합니다. 다도와 검도도 마찬가지입니다. 전통 예능의 가락을 배울 때 제자는 스승이 하는 대로 똑같이 수년간 따라 하려고 애씁니다. 지금은 그런 교육 방식이 봉건적이라는 비난을 받지만요.

그런데 신기하게도 10년 넘게 아무리 스승과 똑같은 방식으로 수련해도 스승과 똑같아지지는 않습니다. 그게 스승의 개성이고 제자의 개성입니다. 그 경지에 달했을 때 비로소 스승과 제자의 개성, 곧 둘의 차이가 드러납니다. 그런 수준에 이르지 않으면 개성 같은 건 알 길이 없죠. 타인이 따라 할 수 있는 걸 개성이라고 부를 수는 없으니까요.

## 지식과 교양은
## 반복해서 몸에 익히는 것

　반복 연습이 없으면 진정한 개성을 알 수 없는 것도 사실입니다. 교육도 반복 학습으로 기초 학력을 키우는 것이 중요합니다. 나는 초등학교 때부터 곤충채집을 했습니다. 지금도 숲으로, 들로, 산으로 곤충을 잡으러 다닙니다. 태국에도, 베트남에도 갑니다. 그러면서 어떤 곤충이 어디에 있는지 익힙니다. 이것도 반복 연습입니다. 이것 외에 뭔가를 배우는 방법은 없습니다.

　수영하는 방법을 책으로 읽는다고 수영을 할 수 있는 건 아닙니다. 스키 타는 법을 영상으로 본다고 스키를 탈 수 있는 것도 아닙니다. 그럼 물에 한 번 들어간다고 수영을 할 수 있을까요? 그렇지 않습니다. 샤미센(일본

전통 현악기—옮긴이)을 한 번 만져본다고 연주할 수 있는 건 아닙니다. 기초 학력뿐만 아니라 세상사 무엇을 배우든 기본은 같습니다. 반복 연습밖에 없습니다.

반복 연습 없이 교육으로 무엇을 하겠다는 것일까요? 각자의 개성을 평가해야 한다고 하니, 그에 맞춰서 부모도 선생도 반복 연습은 내던진 채 개성을 펼치고자 안간힘을 씁니다. 확실히 반복 연습에 개성은 없는 것처럼 보입니다. 그러나 반복 연습을 하지 않고는 개성이 드러나지 않습니다.

교육에 개성이라는 말을 들여왔을 때, 이것이 우리 몸에 해당한다고 생각한 사람은 없었던 듯합니다. 교육은 머리로 하는 것이라고, 대부분 말 그대로 '머리로만' 믿었습니다. 그러나 지식이든 교양이든 '몸'에 익히는 것입니다. 몸은 신체를 말합니다. '가르침躾'이라는 글자도 이러한 통찰에서 비롯되었겠지요. '몸身'과 '아름다움美'이 만나 '가르침躾'이 되었습니다. 몸의 움직임은 표현이며, 그렇게 완성한 모습을 예부터 일본에서는 '형태'라고 불렀습니다.

전통 예능은 모두 '형태'를 배우는 데서 시작합니다. 형태는 정해져 있어서 움직이지 않으니 정보일 거라고 생각하는 사람도 있겠지요. 하지만 형태를 '멈춰버린 과

거의 것'이라고 생각하면 오산입니다.

다도도 무도武道도 분명히 형태를 따릅니다. 그런데 다도가 멈춰 있습니까? 손님은 앉아 있지만 주인은 움직입니다. 아니, 손님도 차를 마실 때는 움직입니다. 무도는 말할 것도 없지요. 형태에는 움직임이 있고, 움직이는 것은 신체입니다. 다도나 무도의 세계에서는 이 형태의 극極에 달하면 비로소 개성이 보입니다.

개성이 나만의 생각, 나만의 사고, 나만의 감정이라고 믿는 세계에서는 학습이 반복 연습이며 몸에 익히는 것이라는 상식이 사라져버립니다. 이런 점을 고려하지 않고 한결같이 개성을 미화하기 때문에 무엇을 대체 어떻게 펼쳐야 할지 모르는 것입니다. 마음이나 머리에 개성이 있다면 그것을 어떻게 펼쳐야 좋을까요? 알 수가 없습니다. 마음과 머리는 '공통 이해'의 세계이기 때문입니다.

## 매뉴얼 인간이
## 나타난 배경

아이들만 개성을 발휘하라고 요구받는 건 아닙니다. 회사원도, 학자도 마찬가지입니다. "독창적인 인재가 돼라" "독창적인 연구를 해라" 이런 말이 낯설지 않을 겁니다. 그런데 학계에서는 독창성을 강조하면서 학술 논문은 영어로 쓰라고 합니다. 반드시 논문을 영어로 써야 한다는 규칙은 없지만, 학자들은 영어로 쓰지 않으면 평가받지 못한다고 생각합니다.

회사도 다르지 않습니다. 독창적 인재를 요구하면서 이익을 얼마나 냈는지 평가합니다. 머리의 세계에서 개성을 찾으니 뭐가 뭔지 도통 알 수가 없습니다.

"일본은 동조同調 압력이 강해서 개성을 더욱 드러낼

필요가 있다"는 이야기를 흔히 합니다. 그런데 말로는 개성이 중요하다고 하면서 실제로는 타인의 안색을 살피기만 하지 않습니까? 그런 현상을 인정하고 바꿔나가는 데 개성이나 독창성을 운운할 필요는 없습니다.

요즘 젊은이들은 정말 안됐습니다. 한편에서는 영어로 논문을 쓰고 이익을 더 많이 내라며 '공통 이해'를 요구받고, 또 한편에서는 뭔지 모를 '개성'을 발휘하라는 얘기를 들으니까요. 이런 모순 안에서 살아가니 머리를 끌어안고 혼란스러워하는 게 당연합니다.

이 같은 모순이 버젓이 통용되는 이유를 이제 아시겠지요? 몸이 개성이라는 걸 잊어버렸기 때문입니다. '개성'이라고 하면 저마다의 몸을 봐야 합니다. 그러나 학문의 세계도 회사의 세계도 몸 따위를 평가하려고 하지 않습니다. 당연합니다. '공통 이해' '강제 이해'의 세계이기 때문입니다.

"영어로 좋은 논문을 쓰세요" "독창적 인재가 되어 매출을 올리세요" 등은 모두 '요구되는' 개성을 발휘하라고 말하는 것이나 마찬가지입니다. 학회와 회사가 원하는 개성이나 독창성을 발휘하지 않으면 그걸 개성이나 독창성이라고 인정하지 않는 겁니다. 얼마나 괴상한 논리입니까.

졸저 《바보의 벽》에서도 언급했지만, 이런 기묘한 요구가 이른바 '매뉴얼 인간'을 만들어냈습니다. '요구되는' 개성을 발휘하라는 모순에 대응하기 위한 최적의 방법으로 매뉴얼 인간이 되기를 선택한 것입니다.

매뉴얼 인간은 조직에서 요구하는 개성이 '속임수'라는 걸 잘 알고 있습니다. 그래서 "나는 개성을 주장하지 않습니다. 매뉴얼만 제시해주면 그대로 뭐든 하겠습니다" 하고 자신의 범용성을 어필합니다.

그러나 이런 식으로 말하는 사람은 자신에게 개성이 없다고 생각하지 않습니다. 진정한 자신은 따로 있다고 여기죠. "당신들은 진정한 나를 이해할 수 없을 테니, 당신들이 매뉴얼을 제시하면 나는 그대로 따르겠다" 같은 태도이므로 매뉴얼 인간과 '자아를 찾는 사람'은 다른 부류가 아닙니다. 조직에서는 진정한 자아를 발휘할 수 없으니 그 안에서는 매뉴얼 인간으로 행동하고, 다른 데서 자아를 찾겠다는 것입니다.

# 좋아하는 것이
# 분명한 듯하지만 분명치 않다

 "매뉴얼 인간이 되지 마라." "자기가 좋아하는 일을 직업으로 삼아라." 이 또한 자주 듣는 말입니다. 그런데 자기가 좋아하는 일이라는 게 분명한 것 같으면서도 사실은 그렇지가 않습니다. 애초에 어떤 직업이든 좋아하는 일만 할 수는 없습니다. 대부분 좋은 일과 싫은 일을 모두 포함합니다.

 예를 들어, 의대를 졸업해서 의사가 되면 환자를 진료합니다. 내가 환자를 선택하는 것이 아니라, 내게 오는 환자를 진찰하는 것입니다.

 내가 좋아하는 일을 나 좋을 대로 하고 싶었는데, 환자 진료 하나 내 마음대로 되지 않습니다. 환자의 상황에 따라 나의 상황도 달라집니다. 심근경색 환자만 진료하고 싶다며 억지를 부릴 수도 없습니다. 제멋대로인 환자도 있고 꾀병을 호소하는 환자도 있어 여간 곤란한 게 아닙니다.

임상의가 되면 내가 좋아하는 일을 못 할 테고, 기초의학을 하면 내가 하고 싶은 일은 뭐든 할 수 있겠다 싶었습니다. 그러나 분야마다 과목이 정해져 있는 데다 '뭐든 할 수 있는' 기초의학은 없었으므로, 나는 결국 해부학을 선택했습니다. 그런데 실제로 해부학을 전공해 보니 연구 외에도 해야 할 일이 많았습니다.

우선 해부학이 성립하려면 시신이 필요합니다. 그러니 시신을 찾아야 하죠. 시신을 직접 만들 수는 없으니 그와 관련된 여러 절차나 업무를 반드시 처리해야 합니다.

이를테면 생전에 "내가 죽으면 해부를 해도 좋습니다"라고 밝힌 분에게 훗날 시신을 기증받을 수 있도록 부탁하고, 실제로 그분이 운명하면 시신을 인수하러 갑니다. 사람의 생사는 때를 고르지 않으므로 새해 첫날 연락이 왔다고 해서 거절하지는 못합니다. "설하고 추석 땐 쉽니다. 그리고 가능하면 근무시간 중에 부탁드립니다." 이렇게 말할 수는 없는 노릇이죠. 실제로 설에 시신을 인수하러 간 적도 있습니다. 시신 기증 의사를 밝히는 사람이 그리 많지 않기 때문에 한 분 한 분이 매우 귀합니다. 즉, 기초의학에서 자기가 좋아하는 연구를 하려면 그에 동반되는 '해야 할 일들'이 따라온다는 얘깁니다.

이런 상황을 어떻게 받아들이면 좋을까요? 나는 나름의 결론을 내렸습니다. "좋아하는 일을 하고 싶으면 '해야 할 일'을 좋아하는 수밖에 없다." 이 결론에 이르기까지 10년이 넘게 걸렸습니다.

직업을 바꿀지 자기 자신을 바꿀지 선택해야 한다면, 자신을 바꿔서 그 직업을 자기가 좋아하는 일이라고 믿는 편이 낫다는 것입니다.

본래 사람은 계속 변화하는 존재입니다. 정말로 좋아한다는 것은 변하지 않는 나를 전제로 하는 사고방식입니다. 하지만 나 자신은 계속해서 달라지니, 그걸 정말 좋아하는지는 알 수가 없습니다.

## 싫어하는 것을
## 좋아한다고 생각하는 재미

입으로는 '일'이라서 하는 것이라고 말하며 즐기듯 일하는 사람이 있습니다. 그 일을 좋아한다고 스스로 확실하게 결론을 내린 사람입니다. 정말 좋아하는지는 모릅니다. 그래도 좋아한다고 생각하면 스트레스는 분명 덜 쌓입니다. 그런 식으로 일을 즐기다 보면, 자신의 취향이 더욱 분명해지기 시작하죠.

당연한 얘깁니다. 해야 할 일을 진지하게 마주하는 사이, 그중에서도 좋아하는 부분과 그렇지 않은 부분을 발견하게 됩니다. 그 발견이 삶에서는 큰 공부죠.

나는 처음부터 기증 시신을 모으겠다는 결심을 하고 해부학을 시작한 건 아니지만, 그 일 덕분에 연구에서는 배울 수 없는 다양한 걸 깨달았습니다. 하기 싫은 일을 내가 좋아하는 일이라고 생각하면 '해야 하는 일' 안에서 의외의 재미를 발견할 수 있죠.

어중간한 태도로 얼버무려서는 그 재미를 알 수 없습니다. 늘 도망치고 싶다는 생각만 해서는 할 일을 제대로 소화할 수 없습니다. 어느 정도 결단이 필요합니다. 스스로 마음을 먹고 진지하게 해야 할 일을 마주하는 동안 어느 단계에 이르면, 좋아하는 일을 하든 싫어하는 일을 하든 결국 매한가지라는 생각이 듭니다. '일은 원래 그런 것'이라고 생각하는 편이 좋습니다.

이런 관점에서 보면, 좋아하는 일을 찾지 못하겠다며 한탄할 필요도 없습니다. 이 세상은 나를 위해 존재하는 게 아닙니다. 우리가 태어나기 전부터 세상은 존재했습니다. 내가 좋아하든 싫어하든 이미 존재하는 세상이니 우선은 받아들이는 수밖에 없다는 대전제가 필요합니다.

내가 원해서, 내 취향대로 이 세상이 만들어진 게 아니라 원래 있던 세상에 내가 태어난 것입니다. 바꿔 말하면, 우리는 세상보다 늦게 왔습니다. 세상을 산다는 건 그 안으로 휩쓸려 들어가는 것입니다. 이왕 들어갈 수밖에 없다면, 제대로 휩쓸리는 게 최선입니다.

거리의 철학자라 불리는 우치다 다쓰루內田樹 씨는 이런 삶의 방식을 축구에 비유합니다. "당신은 이미 시작된 축구 게임에 선수로 투입되었다. 그런데 게임의 규칙도, 몸을 쓰는 방법도 모른다. 그래도 일단 들어간 이상, 주변을 둘러보면서 필사적으로 규칙을 배우며 몸을 움직이는 수밖에 없다. 그게 바로 일을 하는 것이다."

이는 일에 한정된 이야기가 아닙니다. 학문도 마찬가지입니다. '늦게 왔으니 내가 따라가야지' 하고 있는 힘껏 매달리는 수밖에 없습니다.

선생先生이란 먼저先 태어났다生는 뜻입니다. 반대말은 후생後生, 나중에 태어났다는 뜻이지요. 나중에 태어났다는 것은 자기보다 앞서 존재해온 걸 알아야 한다는 말이기도 합니다.

선생은 한 명이고 학생은 여럿인 이유가 바로 이 때문입니다. 나중에 태어난 사람은 먼저 태어난 사람보다 배워야 할 게 많습니다. 그래서 학생은 선생보다 훨씬 힘이 듭니다.

이런 걸 학교에서는 가르쳐주지 않습니다. 나는 한참 나중에야 이를 깨달았지만, 나에게 무엇이 부족한지는 어렴풋이 알고 있었습니다. 다들 누군가보다 늦게 태어났으므로 부족한 게 당연합니다.

우리는 이 세상에 늦게 들어왔습니다. 규칙도 몸을 쓰는 방법도 모르니 뭐가 좋은지 판단할 수 없습니다. 부족한 부분을 열심히 몸에 익히는 수밖에 없습니다.

나는 기증 시신을 인수하는 과정에서 평소라면 배울 수 없는 귀중한 것들을 참 많이 배웠습니다. 내가 죽어본 적 없음에도 죽음을 이야기할 수 있는 건 아무래도 돌아가신 분들을 많이 만나봤기 때문일 겁니다.

## 자기 자신은 찾는 것이 아니라
## 만들어내는 것

　해야 할 일이 부정적으로 느껴진다면, 그런 생각도 '개성 존중'이 만들어내는 속임수입니다. 해야 할 일을 해서는 개성을 살릴 수 없다고 생각하기 때문에, 자기가 좋아하는 일을 하고 싶어 하는 겁니다. 그런데 '일정한 틀', 곧 형태란 해야 할 일의 연속입니다.

　해야 할 일을 계속하다 보면 몸에 '형태'가 익습니다. 새로운 무언가가 몸에 익으면 나 자신이 달라지죠. 신체는 개성이므로 당연한 일입니다.

　불교의 수행도 마찬가지입니다. 일본 불교의 중심지라 불리는 교토의 히에이산에는 '천일회봉행千日回峰行'이라는 수행이 있습니다. 산속을 1,000일 동안 쉬지 않고 돌아다니는 겁니다. 이 수행이 끝나면 '대아사리大阿闍梨'라는 칭호를 받습니다.

마라톤 선수가 아니니 스님은 산을 계속 달려도 금전적 이익이 생기지 않습니다. 누구에게 부탁을 받은 것도 아니고, 보통 사람 눈에는 아무 의미도 없어 보이는 일을 왜 하는 것일까요?

계속 달리다 보면 사람이 달라집니다. 수행 후에는 대아사리라는 유일무이한 작품이 완성됩니다. 수행이 무익하다고 생각하는 건 그 완성품에 대해 모르기 때문입니다. 예술가는 작품을 만들고, 목수는 집을 짓고, 농부는 쌀을 수확합니다. 스님은 무엇을 할까요? 스님은 자신을 '창조'합니다.

산속을 달리면 자신을 창조할 수 있을까요? 글쎄요, 그건 알 수 없습니다. 하지만 스님 자신에게 천일회봉행은 해야 할 일, 즉 나보다 먼저 태어난 사람이 계속해온 전통에 휘말려 들어가는 일입니다.

천일회봉행 전과 후, 스님에게는 분명한 변화가 생깁니다. 그뿐입니다. 우리 인생은 그저 그뿐인 일로 가득합니다. 나는 30년 동안 해부를 했지만, 그것도 그뿐인 일입니다.

그저 그뿐인 일을 계속하다 보면 자신이 달라지고,

그렇게 달라지는 자신을 만들어가는 것, 그게 인생입니다. 자기 자신은 만드는 것이지 찾는 것이 아닙니다. 위대한 작품이 되지 못해도 어쩔 수 없습니다. 그런데 대체 누가 위대한 작품인지 여부를 판단하는 걸까요? 그건 오직 신만이 알 수 있습니다.

이런 부분을 이해하면 개성이나 진정한 자신, 자기에게 맞는 일 따위의 시시한 생각은 할 필요가 없어집니다. 어떤 작품으로 완성될지는 몰라도 아무튼 나 자신을 만들어가는 수밖에는 없습니다. 그러기 위해 중요한 것은 신체의 세계와 감각의 세계, 즉 구체적인 세계를 몸으로 아는 일입니다. 이것을 소홀히 하면 그다음 단계로 넘어갈 수 없습니다.

어떤 사람은 모르는 세계를 보는 걸 미지未知와의 조우라고 생각합니다. 코로나19 이전에는 해외로 '자아 찾기' 여행을 떠나는 사람이 적지 않았지요. 그런데 국내는 내가 아는 세계, 외국은 미지의 세계인 게 아닙니다. 자신은 늘 변하지 않는다고 생각하므로 뭐든 똑같아 보여서 지루하다고 투덜대는 것이지요.

그런 사람은 해외로 나가도 미지와의 조우를 기대하기 어렵습니다. 그냥 아무 생각 없이 떠나는 편이 낫습니다. 모르는 환경에 둘러싸이면 자신이 변할 수밖에 없으니까요.

'달라진' 나는 지금까지와는 '다른' 세계를 봅니다. 나 자신이 달라지면 세상이 미묘하게 달라 보입니다. 조금 과장되게 표현하면, 온 세상이 바뀝니다. 그래서 재미있는 것입니다. 미지와의 조우는 새로운 자신과의 조우이지, 낯선 환경과의 조우가 아닙니다. 새로운 자신과의 조우는 '자아 찾기'가 아닙니다. 이것을 오해하면 낯선 환경에서 고정된 자신, 늘 변치 않는 자신을 발견하려고 애쓰게 됩니다.

자신을 만드는 일은 자신을 바꿔가는 작업입니다. 딱히 해외로 나가지 않아도 할 수 있는 일입니다. 어디에서든 새로운 자신과 만나는 기쁨을 누릴 수 있습니다. '늘 한결같은 나'라는 생각, 그런 '나'를 버리면 편해집니다.

ものがわかるということ

## 이해하지 못해도
## 충돌하지 않는 방법

많은 사람이 인간관계에서 비롯되는 고민을 토로합니다. 타인이 자신을 이해해주지 않는다고, 타인이 잘 이해되지 않는다고 말이지요.

그런데 왜 상대를 이해해야 할까요? 이해하지 못해도 충돌하지 않으면 그만입니다. 상대방이 하는 말을 하나부터 열까지 전부 이해하지 못해도 충돌은 피할 수 있죠. 핵심은 상대방이 보내는 사인을 파악하는 데 있습니다. '지금은 말을 걸지 않는 편이 낫겠다'라든가, '여기서 더 가까이 가면 곤란하겠다'라는 식으로 지뢰를 피하면 충돌할 일이 없습니다.

정말 타인을 이해하려고 들면 힘들어집니다. 오히려

모르는 대로 있는 편이 합의를 이루기 쉽습니다. '내가 전부 알지는 못하니까' 하면서 넘어갈 수 있으니까요. 상대방에게 미움을 사는 일도 없지요. 상대를 전부 이해하지 못하더라도 "나에 대한 이해가 부족하다!"고 소리치며 달려들 사람은 없습니다.

상대방의 전부를 알려고 하니 고민하는 것입니다. 그건 모르는 게 당연하다고 여기면 대부분 해결되는 고민입니다.

이해력이 부족해서 상대방을 이해하지 못하는 게 아닙니다. 서로를 이해할 수 없는 경우는 대부분 전제가 다르기 때문입니다. 생각의 전제가 다른 사람에게는 아무리 말해도 내 메시지가 전달되지 않습니다. 애초 전제가 다른 대화를 하면 사람은 당황하게 됩니다.

고양이를 싫어하는 사람에게 고양이의 매력을 끊임없이 늘어놓은들 전혀 전해지지 않습니다. '이렇게 열심히 이야기하는데 왜 몰라주나' 하고 서운해할 일이 아닙니다. 고양이에 관한 전제가 근본적으로 다르니 당연한 일입니다.

# 모든 것이 의미로
# 직결되는 정보화사회

　'이해한다' '안다'라는 것은 전부 '의미'와 연결 지어 생각하기 쉽습니다. 상대가 이해하기 힘든 말을 하면 '이건 무슨 의미지?' 하고 억측하기 시작합니다. 사람은 만사에 의미를 찾고 싶어 하죠. 그런데 사실 이 세상은 의미 없는 것이 커다란 비율을 차지합니다. 집 안에 들어온 벌레 한 마리는 사람에게는 의미 없는 존재이지만 여하튼 거기에 있습니다. 산에는 돌이 굴러다니고요. 의미 같은 건 없어도 자연엔 돌이 있습니다. 그냥 그곳에 존재합니다.

　그런데 요즘 세상은 의미 있는 것만 가치 있다고 생각합니다. 모든 걸 의미와 직결시키는 사회를 나는 '정보화사회'라고 부릅니다. 의미 없는 것을 전부 없앤 상징적 장소가 바로 현대사회의 삭막한 회의실입니다. 거기엔 의미 있는 것만 있습니다. 의미 없는 것은 책상, 의자, 화이트보드, 기껏해야 꽃병 정도입니다. 그곳과 대조적인 장소가 산과 숲입니다. 자연에 있는 것은 도시 문화에서는 의미 없고 쓸모없는 것들뿐입니다.

회의실 같은 데서만 지내다 보면 감각이 둔해집니다. 요즘 학생들을 보면 알 수 있죠. 무의미한 것이 사라진 교실이 일종의 사무실처럼 변했습니다. 아이들이 아파트와 학교만 오가다 보면 세계가 완전히 닫혀버립니다. 감각이 둔해지는 건 당연합니다.

인간이 없어도 자연은 성립합니다. 그런데 도시는 오로지 인간과 관련된 것만 만듭니다. 그 외의 것은 쓸모없다고 여기며 전부 배제합니다.

우리의 뇌도 이 세상과 마찬가지입니다. 뇌는 대부분 무의식이라는 '의식 없는 부분'이 차지하고 있으며, 의식은 거의 빙산의 일각에 불과합니다.

그런데 사람들은 흔히 자신의 의식이 뇌와 신체를 전부 지배한다고 생각합니다. 의식은 의미를 원하므로 '아는 것'에 집착하며 괴로워합니다.

애초에 의식이 모든 것을 통제한다는 생각 자체가 잘

못됐습니다. 우리가 아침에 눈을 뜨는 것도 저절로 그렇게 되는 것이지 의식적인 통제 때문이 아닙니다.

물을 마실 때도 우리는 마시고 싶으니까 마신다고, 곧 의식의 작용이라고 생각합니다. 뇌가 '이렇게 해야지' 하고 생각해서 행동이 따라온다고 믿는 사람이 많지만, 사실은 반대입니다. 뇌를 측정해보면 우선 물을 마시는 행위와 관련된 부분이 확실히 먼저 움직이고, 그 뒤에 '물을 마셔야지' 하는 의식이 일어납니다. 의식은 뇌가 그 방향으로 향하고 움직인 후에야 따라옵니다. 이처럼 과학적 측면에서도, 인간이 반드시 자신의 의도로 무언가를 한다고 볼 수는 없습니다.

이런 점을 무시한 채 '안다' '모른다'를 논해봤자 그건 빙산의 일각에 불과할 뿐입니다. 그 아래에는 무의식과 무의미가 숨어 있죠. 타인의 무의식과 무의미를 과연 이해할 수 있을까요? 우리는 빙산의 일각만 보며 의미를 찾고 서로 통할 거라고 믿습니다.

인간은 더 겸허할 필요가 있습니다. 자기 행동을 전부 스스로 통제할 수 있다고 생각하는 교만을 버려야 합니다.

# 통하지 않는다는
# 전제에서 시작하기

전제가 다르면 대화가 통하지 않는다고 했습니다. 이처럼 '전제가 다르다'는 전제를 세워두면 대화가 한결 수월해집니다.

예를 들어, 도쿄에 사는 사람과 지방에서 나고 자란 사람은 좀처럼 이야기가 통하지 않을 수 있습니다. 이때 "사는 곳이 다르니 이야기가 통하지 않아도 어쩔 수 없다"는 전제를 세워두면 상대를 대하기가 편해집니다.

그런데 가족끼리는 서로 이해해주길 바라는 정도가 급격히 올라가서 "어떻게 이런 것도 몰라주냐"며 상대의 높은 이해를 구하기 쉽습니다. 나 역시 마찬가지였습니다. 부부처럼 매우 가까운 관계일 때는 조금 의견이 다를 뿐인데 "이런 것도 몰라주다니" 하고 상대방 의견을 바꾸려 듭니다. 그런 시도가 큰 싸움으로 번지는 경우도 있습니다.

내가 직접 이런 식의 의론議論을 반복한 후 알게 된 사실은 '아무리 사소한 것이라도 상대의 의견을 바꾸기는 어렵다'는 것입니다.

해외에 나갔을 때는 아예 통하지 않는다는 전제를 세워둬서 오히려 편합니다. '어떻게 하면 다른 사람과 잘 통할까' 따위의 고민을 할 필요가 없죠. 게다가 통하지 않아도 된다고 생각하니, 신기하게도 잘 통합니다. 서툰 내 외국어를 알아듣는 사람은 대체로 친절한 사람이니, 외국어에 좀 미숙해도 됩니다. 내가 서툴면 상대도 이해하려고 애써줍니다.

국내에 있을 때도 이처럼 생각하면 그만입니다. 딱히 내 메시지가 전달되지 않아도 상관없다고 생각하는 겁니다. 내가 쓴 책을 읽고 이런 말을 해준 사람이 있습니다. "선생님 책을 읽으면 선생님이 어쩐지 투덜대는 것처럼 들립니다." 그러면서 그 투덜거림이 재미있다고 하더군요. 내 글에는 뚜렷한 이론이나 논리가 있는 것도 아니고, 여기저기 샛길로 빠졌다가 빙 돌아서 결론에 이르기도 합니다. 그러다 보면 투덜거리게 되죠.

내 나름대로 투덜거리면, 읽는 사람이 그걸 적당히 해석해서 받아들입니다. 일상의 커뮤니케이션도 그 정도로 적당히 하면 됩니다.

렌가連歌도 비슷합니다. 렌가는 여러 사람이 차례로 번갈아가며 시구를 읊는 시 형식인데, 그 내용이 엄밀한 논리로 연결되지는 않습니다. 어떤 시구가 이어질지는 그 자리의 분위기에 달려 있죠. 그런 오락 전통이 있을 만큼 예부터 우리는 '적당한' 커뮤니케이션에 능숙했습니다.

## 세상 상식과
## 맞지 않는 나

 세상에는 평균적인 가치관이 있습니다. 자신이 거기에 어느 정도 잘 맞는지, 어느 정도 어긋나는지 사람마다 느끼는 거리감이 다릅니다. 나는 어릴 때부터 내가 이 세상 상식과 전혀 맞지 않는다고 생각했습니다. 세상은 내 생각과는 다른 세계라고요.

 "이 세계에 내가 잘 섞일 수 있을까?" 젊은 시절에는 이런 불안을 계속 품고 살았습니다. 그래서 사람을 이해하고 싶었고, 사람을 알려고 노력도 해봤지만 결국 실패했습니다.

 나는 내가 어떤 세계의 일원이 되려면, 그 세계에 사는 사람을 이해해야 한다고 생각했습니다. 세상 사람들이 어떤 생각을 하는지 알고 싶어서 견딜 수 없는, 일종의 병이 어린 시절부터 고등학교와 대학교 때까지 이어졌습니다. 의대에 입학한 후에도 사람 마음에 대한 흥미는 사라지지 않았고, 그래서 정신과 의사를 꿈꿨습니다.

실제로 의학부 졸업 직후, 정신과 대학원 시험을 봤습니다. 그런데 그해에는 대학원 지원자가 많아서 추첨으로 입학생을 선발했고, 그 결과는 탈락이었습니다. 그래서 생각을 바꿔 해부학을 전공으로 택했지요.

해부 작업은 살아 있는 사람을 관찰하는 것과는 완전히 다릅니다. 상대는 아무 말도 하지 않고, 나에 대해 아무 생각도 하지 않습니다. 상대를 이해하고자 하는 사람은 나뿐이니, 절대 속을 걱정도 없습니다. 그런 작업이 내게는 가장 편안했습니다. 작업을 하는 동안에는 마음이 차분해졌습니다.

그런데 살아 있는 환자를 앞에 두면 해부할 때처럼 침착할 수가 없습니다. 주사를 잘못 놓거나 약을 잘못 처방하면 큰일 납니다. 나는 주사를 놓는 게 무서워 임상의가 될 수 없었습니다. 자신이 없어서 환자한테 "괜찮으세요?" "속이 울렁거리진 않으세요?" 하고 자꾸 물었습니다. 내 불안이 환자까지 불안하게 만들었죠.

해부는 시신을 상대로 하므로 그런 걱정을 할 필요가

없습니다. 이만큼 침착한 작업도 없습니다. 해부하다 보면 손을 베기도 하고 다리를 다치기도 하는데, 이는 모두 내 행동의 결과입니다. 거기엔 오롯이 내가 한 일에 대한 결과만 나타납니다. 시신에는 아무 책임도 없습니다.

한편, 살아 있는 사람을 대할 때는 상대가 자기 의지로 움직이고 그에 따라 나도 대응해야 하므로 책임 소재가 애매합니다. 문제가 발생했을 때, 누구 탓인지 가리기 어렵습니다.

곤충 관찰도 해부와 비슷합니다. 내가 곤충을 어떤 식으로 관찰하든 내 마음입니다. 내 생각이 오해든, 정답이든 상관없죠. 내가 오해하거나 착각했다고, 곤충 표본이 나에게 분노하거나 나와 곤충 사이가 서먹해지는 일도 없습니다. 결국, 그런 작업이 내게는 가장 마음 편한 일이라는 걸 알게 되었죠.

# 세상과 인간이
# 한 세트인 일본

 내가 어릴 때부터 가졌던 이방인이라는 느낌은 '세상'이라는 말로 설명할 수 있습니다.
 세상은 대체 무엇일까요? 일본어로 사람은 '닌겐人間'입니다. 사람人과 사람人 사이間라는 뜻이죠. 그런데 서구에서 사람은 '사이'가 아닙니다. 중국어로도 사람은 그냥 '런人'입니다.
 사람과 사람 사이에 있는 것이 '세상'입니다. 다시 말해, 일본 사람은 세상과 한 세트입니다. 일본에서 나고 자라 교육받았다는 건 처음부터 이 세상 사람이라는 뜻입니다.
 그런데 일본이라는 '세상'에 들어가는 데는 자격이

필요합니다. 그 자격이 명문화되어 있지는 않습니다. 일본인 부모에게서 태어나 일본에서 자라고 일본어로 말하면 자연스레 '세상'의 일원이 됩니다. 한편, 부모가 일본인이어도 외국에서 자란 사람이라면 진입 장벽이 다소 높아집니다. 법적으로는 일본인이지만 '세상'에 완전히 받아들여지기는 쉽지 않죠. 일본이라는 '세상'의 상식이 결여된 경우가 있기 때문입니다.

외국인은 장벽이 더 높습니다. '세상'에 속할지 배제될지는 겉모습이 크게 영향을 줍니다. 특히 백인이나 흑인은 외모만으로 일본이라는 '세상' 속 사람과 다르다는 게 바로 드러나므로, 일본에서 아무리 오래 살아도 받아들여지기가 쉽지 않습니다.

내 다른 저서에서도 언급한 적 있듯이 일본에서는 신체가 건강하게 태어나지 않으면 '세상'에서 배제되는 경향이 있습니다.

그런 현상이 탈리도마이드 아이(임신부 입덧 방지제로 출시된 탈리도마이드의 부작용으로 장애아 출산이 많아졌는데, 이때 태어난 아이들을 가리킨다—옮긴이)의 생존율에서 분명하게 드러났죠. 일본은 생존율이 30퍼센트, 서구는 50퍼센트로 무려 20퍼센트나 차이가 났습니다. 일본에서는 장애아를 굳이 치료하지 않으므로 생존율이 낮았던 것입니다. 이는 오체만족五體滿足이라는, 공동체에 소속될 자격이 현대에도 그대로 통용된다는 걸 보여줍니다. 이미 공동체 안에 속해 있는 사람은 의외로 이 사실을 깨닫지 못하지만, 공동체에 속하기 위해서는 겉모습이 여느 사람과 같아야 한다는 것이지요.

이런 예에서 알 수 있듯 일본이라는 '세상'의 일원이 되기 위해서는 겉모습을 포함해 암묵적 자격을 갖춰야 합니다. 암묵적이라 해도 요건이 느슨하지는 않습니다. 무척 까다롭습니다. 아무리 일본어를 잘해도 평생 일본이라는 '세상'에 받아들여지지 않는 외국인도 있을 테지요.

세상은 하나가 아닙니다. 일본이라는 커다란 세상이 있고 그곳의 수장은 천황입니다. 이 커다란 세상은 수없이 많은 세상을 포함합니다. 학교라는 세상, 마을이라는 세상, 회사라는 세상입니다. 일본인은 이처럼 여러 세상에 속해 살아갑니다.

## 세상과 어떻게 타협할 것인가

나는 이 세상에 섞이지 못했습니다. 세상에는 내가 당연히 있어야 할 장소가 없었거든요. 물론 집은 별개입니다. 하지만 젊을 때는 집에서조차 그렇게 느끼곤 했습니다.

위화감이 없는 세상에서는 내가 거기 있는 게 당연한 듯한 귀속감을 얻을 수 있습니다. 회사에 들어가 정년까지 근무하는 건 내가 당연히 있을 곳이라는 생각이 마음 어딘가 있기 때문입니다.

요즘 젊은이는 어떤 조직에 속하든 그런 귀속감을 느끼지 못할지도 모릅니다. 세상 따위에 속하는 일을 귀찮아하는 사람도 많겠지요. 그건 그 나름대로 좋습니다.

나도 그랬으니까요. 그런데 귀속감이 없으면 인간은 좀처럼 안정적이지 못한 존재인 것도 사실입니다.

나는 세상에 귀속감을 느끼지 못하고 스스로 안정적이지 않다고 느끼긴 했지만, 공동체에서 딱히 쫓겨난 적은 없습니다. 그래도 이곳은 '내가 본래 있어야 할 자리가 아니다'라는 느낌이 어릴 때부터 줄곧 있었습니다.

가정은 또 하나의 세상입니다. 태어나는 순간 가족의 일원이 되고, 가족이 달라지면 그 안의 규칙도 바뀝니다. 내가 태어난 시대에는 아버지가 가정이라는 세상의 대표였습니다.

그런데 내가 네 살 때 아버지가 결핵으로 세상을 떠난 후, 어머니가 그 세상의 대표가 되었습니다. 어머니는 뭐든 자기 방식대로 하며 집 밖에 있는 세상의 지침 따위는 개의치 않는 분이었습니다. 나는 도저히 흉내도 내지 못할 정도였죠. 내가 이 세상에 섞이지 못한 데는 이런 이유도 한몫했을 겁니다.

어머니는 자신의 방식이 확고한 분이었습니다. 어머니의 방식대로 만든 세상이 내게는 가족이라는 세상이었고, 나는 그 세상에 익숙해지는 데도 꽤나 애를 먹었습니다. 있는 힘껏 노력해야 어머니의 방식을 따라갈 수 있었죠. 그런데 나중에 보니 그 세상은 바깥세상과 또 전혀 달랐습니다. 그걸 깨달은 후부터 나는 긴장한 채 주변을 살피며 살아가는 수밖에 없었습니다.

유치원에 들어가면 보통 아무리 어려도 자기 자리를 찾게 마련입니다. 그런데 나는 그러지 못했습니다. 몸이 약해서 자주 결석한 영향도 있었겠지요. 며칠 쉬고 나서 등원하면 얼마나 서먹서먹한지, 더는 유치원에 가고 싶지 않았습니다. 등교 거부가 아니라, 등원 거부였죠.

학교에 들어간 후에도 마찬가지였습니다. 그룹에 섞이질 못하니 의욕이 생기지 않고, 어디에 있어도 그곳에 딱 들어맞는 안정감을 얻지 못했습니다. 물론, 스포츠 동아리나 학생운동에 몰두하지도 못했고요.

어디에도 섞이지 못하자 이 세상을 이해하고 싶은 마음이 더욱 강해졌습니다. 이 세상에는 세상의 규칙을 전혀 의심하지 않고 살아가는 사람들이 있습니다. 그곳에 속하는 데 아무런 의문도 품지 않고 '여기가 내 자리다' 하고 지극히 자연스럽게 세상의 일원이 된 사람들은 분명 나보다 세상을 더 잘 알 거라고 생각했습니다. 그러지 못한 나는 무지하다고 느꼈고요.

그래서 세상을 알고 싶었습니다. 돌이켜보면, 세상과 어떻게 타협할 것인지가 줄곧 내 인생의 커다란 테마였습니다.

## 사람은 원래
## 알 수 없는 것

 지금도 곤충을 상대할 때 가장 편안하니, 나는 여전히 이 세상과 어긋나 있는 것일 테지요. 하지만 나이가 들면서 세상과 타협하는 법, 남과 타협하는 법을 알게 되었습니다.

 '사람'을 알고 싶다는 건 나 자신을 알지 못한다는 말과 같습니다. 원래 '사람'은 알 수 없는 것입니다. 계속해서 변하니까요. 나만 변하나요? 상대도 변합니다. 나 자신도 알 수 없는데, 타인에 관해서는 더더욱 알 수가 없지요.

 그건 상대도 마찬가지입니다. 상대도 당신을 알 수 없습니다. 그런데도 사람들은 내 마음을 몰라준다며, 나를 오해한다며 속상해합니다. '몰라준다' '오해한다'고 생각하는 건 '정답'이 있다는 전제가 깔려 있기 때문입니다. 하지만 사람은 계속 변화하는 존재이므로, 정답은 원래 없다고 여기는 게 현명합니다. 여기서 중요한 건 그 오해를 어떻게 받아들이느냐 하는 것입니다. 단언하건대, 오해는 오해대로 그냥 놔두는 수밖에 없습니다.

격려하려고 건넨 말이 상대의 신경을 건드려 싸움이 벌어지는 경우가 있는데, 그럴 때는 오해를 풀려고 설명해봤자 대부분 헛수고로 끝납니다.

내가 한 강연을 듣고 누가 어떻게 반응할지 나는 모릅니다. 질의응답 시간에 사람들이 내 말을 확실히 오해하고 있다는 인상을 받을 때도 있습니다. 하지만 그렇더라도 오해를 풀 방도는 없습니다. 오해의 소용돌이 속에서는 아무리 설명을 덧붙여도 거의 소용이 없습니다. 오해받은 채로 넘기기 싫을 수도 있지만, 그 자리에서는 어쨌든 통하지 않습니다.

그런데 대부분의 오해는 그냥 두면 자연히 풀립니다. 아무래도 상관없어지는 것이지요. 시간이 오래 걸릴지 모르지만, 그때까지는 상황을 받아들이는 수밖에 없죠. 그 시간을 '손해'라고 생각해서 단시간에 바로잡으려 해봤자 소용이 없습니다.

적어도 나는 상대를 오해하지 않도록 상대의 메시지를 잘 파악하려고 노력하면 되겠지요. 그래도 상대는 계속 변화하므로 정답이 늘 같은 건 아닙니다. 이론과 논리만으로는 정답을 찾아낼 수 없습니다. 늘 변화하는 존재를 상대하기 때문입니다.

그럼 어떻게 하면 좋을까요? 매 순간 느끼고 파악하는 수밖에 없습니다. 상황은 매 순간 달라집니다. 멈춰 있는 것은 없습니다. 제행무상, 사람의 기분도 계속 변합니다. 같은 말을 건네도 어제와 오늘의 반응이 다르죠. 그러니 언제나 통용되는 방법은 없습니다. 모든 일에는 적절한 시기가 있고, 그게 언제인지 그때그때 알아채는 게 최선입니다. 그런 감각은 누구에게 배울 수도 가르쳐줄 수도 없습니다. 사람에 따라, 때에 따라, 장소에 따라, 모든 상황이 다르기 때문입니다.

# 대인 관계에서
# 충돌을 피하려면

 논리나 의미에 집착해봤자 사람과 사람 사이의 미묘한 기운을 느낄 수는 없습니다. 알아챌 수 있는 건 한순간뿐입니다. 그걸 놓쳐버리면 다시는 그 순간이 찾아오지 않습니다.
 그럼 어떻게 그 순간 깨달을 수 있을까요? 평소에 감각을 연마하는 수밖에 없습니다.
 여행지에서 길을 물을 때 최대한 친절해 보이는 사람을 찾는 것도 내 편을 알아보는 감각이라고 할 수 있죠. 논리나 이론 따위가 아닙니다.
 그레고리 데이비드 로버츠Gregory David Roberts가 쓴 《샨타람Shantaram》이라는 소설이 있습니다. 이야기 도입부에서 주인공은 봄베이(현재의 뭄바이) 공항을 나서며, 수많은 인도인 가운데 곧바로 자신의 조력자를 선택합니다.

인생에서는 이런 사람을 간파하는 감각이 절대적으로 필요합니다. 인간을 꿰뚫어보는 감각만 연마하면 대인 관계의 번거로운 충돌을 피할 수 있죠.

감각 연마를 위한 교과서는 없지만, 가능한 한 다양한 상황에 몸을 던져보는 경험이 매우 유효합니다. 대학에서 일할 때 내게는 술집이 그런 장소였습니다.

술집에는 다양한 사람이 모입니다. 어느 대학, 어떤 과인지는 상관이 없습니다. 모르는 사람과 만나 이야기를 나누는 것 자체가 커뮤니케이션 공부입니다.

술집엔 그날 그 자리의 분위기도 있지만, 전체적인 흐름이라는 게 있어서 이를 망가뜨려서는 안 됩니다. 최소한의 관계성과 규칙도 있지요. 단골이어도 기분이 한결같지는 않을뿐더러 내 컨디션도 날마다 다릅니다. 술을 마시면서 논리를 내세우는 게 아니라 감각을 열어둬야 합니다. 내가 학생들에게 교실 밖으로 나가라고 강조하는 이유는 이런 귀중한 경험이 필요하기 때문입니다.

어린아이들과 놀아보는 것도 좋습니다. 아이들은 우리와 전제를 공유하지 않으므로 어른이 당연하다고 생각하는 것을 모르기도 하고, 그것에 전혀 관심을 두지도 않습니다. 자신과 전제가 다른 상대와 소통하는 일은 감각을 연마하는 데 매우 효과적입니다.

   실제로 아이와 이야기를 해보면 내 말이 전해지지도 않고, 아이가 무슨 말을 하는지 알아듣기도 어렵습니다. 아이는 어른처럼 이리저리 돌려 말하거나 괜한 수식어를 붙이지 않고 단순하게 말합니다. 아부하거나 봐주는 일도 없으니 그야말로 좋은 훈련 상대입니다.

## 감각이 둔해진
## 현대인

현대인은 대부분 감각으로 무언가를 파악하기 어려워합니다. 사회 전체가 감각을 지워가는 방향으로 흘러가기 때문입니다. 이런 현상에는 텔레비전의 책임이 큽니다.

텔레비전은 매우 강력한 시각 미디어입니다. 텔레비전 영상은 언뜻 공평하고 객관적이고 중립적인 것처럼 보이지만, 어쨌거나 카메라맨 개인의 시선입니다. 텔레비전 보급 이래 하나의 카메라가 찍은 영상을 모든 시청자가 보는 굉장히 기이한 사태가 계속되고 있습니다.

여기서 문제는 시청자가 그 하나의 시선을 현실처럼 느낀다는 데 있습니다. 한 사람의 시점을 모두가 공유할 수 있다고 착각합니다.

현실에서 인간은 결코 시점을 공유할 수 없습니다. 모두 각자 다른 것을 봅니다. 그런데 텔레비전에만 몰두하면 그 사실을 잊게 됩니다. 이건 매우 위험한 일입니다.

나는 강연에서 자주 이런 이야기를 합니다. "여러분은 모두 각자 다른 요로 다케시를 보고 있습니다." 앉아 있는 자리도 다르고 키도 다르니, 눈에 비치는 모습이 완전히 일치할 수는 없습니다. 그런데도 각자 보는 게 다르다는 걸 잊어버린 사람이 많습니다. 감각이 둔해진다는 건 그런 뜻입니다.

감각은 신체적인 것입니다. 1장에서 설명했듯 사과 2개가 각각 다르다고 느끼는 게 감각입니다. 또는 3명이 동일한 사과를 봐도, 셋 다 각자 보는 방식이 다른 게 감각입니다. 이를 하나의 사과로 인식하는 것은 개념의 힘입니다.

감각이 둔해지면 언어나 개념의 중요성에도 둔해집니다. 감각을 잃은 사람은 모든 사고思考가 말에서 시작됩니다.

자신이 말하는 '춥다'와 타인이 말하는 '춥다'는 감각으로서는 같을 수가 없습니다. 몸이 다르므로 감각을 공유할 수 없죠. 사람에 따라 감각은 제각각입니다. 그러나 '춥다'라는 개념을 공유하지 못하면 대화가 되질 않습니다. 그래서 '춥다'라는 말이 필요한 것입니다.

이런 식으로 모든 사람의 감각 세계가 다르다는 걸 알고 있으면 말이라는 존재가 고맙게 느껴집니다. 감각만으로는 서로 이해할 수 없던 사정을 공유하게끔 해주니까요.

그런데 개념적 사고만 비대해지면, 즉 모든 것이 말의 세계에서 시작되면 그 고마움을 모릅니다. 이제 순서가 바뀌어, 당연히 통해야 한다고 착각하죠.

그러면 상대에게 통하지 않는 게 사실은 많을 수 있다는 데까지 생각이 닿질 않습니다. 그래서 조금만 말이 통하지 않아도 불안해하고 자기 마음을 몰라준다고 불평합니다.

결과적으로, 현대인은 인간관계까지 명문화하고 세세하게 정해야 한다고 생각합니다. 인간관계도 정보화하면 된다고, 그러면 다 잘될 거라고 생각하는 듯합니다. 결국 감각은 점점 더 무뎌집니다. 그런 현상의 서글픈 결과가 바로 소셜 미디어입니다.

# 소셜 미디어는
# 순수 뇌화 사회

 소셜 미디어에는 몸이 없습니다. 순수한 뇌화 사회입니다. 몸이 없으므로 개념만으로 커뮤니케이션이 이루어집니다. 개념엔 '같음'을 만들어내는 힘이 있습니다. '같음'을 만들고 '다름'은 인정하지 않는 것이 소셜 미디어입니다.

 한편, 몸이나 감각이 없으니 말의 고마움을 모릅니다. 그래서 조잡한 말, 난폭한 말을 주저 없이 내뱉는 겁니다. 눈앞에 상대가 있으면 하지 못할 말을 소셜 미디어에서는 아무렇지도 않게 하죠.

 스마트폰이나 컴퓨터 앞에는 실제로 살아 있는 몸이 있습니다. 그는 마음에 안 드는 글을 읽으면 짜증이 나고 분노를 터뜨리고 싶습니다. 이렇게 자신의 감각이 사라진 것은 아니지만, 그걸 간파해줄 상대의 몸이 눈앞에 없습니다.

몸이나 감각의 초조함을 개념으로 어떻게든 해결하려 하니 말이 자꾸만 더 격해집니다. 그래서 소셜 미디어에서 과격한 말로 타인을 비난하고 거기에 반응이 오면 통쾌함을 맛봅니다. 그러나 아주 잠깐뿐이죠. 자기 안의 문제는 해결되지 않고, 그저 잠시 시야에서 벗어날 뿐입니다. 소셜 미디어를 떠나면 전과 다르지 않은 일상이 기다리고 있습니다.

그러면 또 답답한 기분을 풀고 싶어서 소셜 미디어로 돌아옵니다. 자기 말에 대한 피드백에 쾌감을 느낀 기억이 습관을 만들고, 결국 더욱더 과격한 발언을 쏟아냅니다. 그러다 보니 소셜 미디어는 시종 삐걱거리며 끊임없이 논란을 일으킵니다.

본인만 행복하지 않은 결말이면 그나마 다행인데, 현실에서는 다른 사람까지 분노와 슬픔을 느끼게 합니다. 누군가의 인정 욕구를 채우기 위한 의미 없는 행위에 끼어들어봐야 스트레스만 받을 뿐입니다.

소셜 미디어에서는 타인의 평가와 '좋아요' 개수 따위가 중요합니다. 적어도 젊을 때는 소셜 미디어에서 벗어나는 편이 낫습니다. 소셜 미디어도 다루기 나름이긴 하지만요.

소셜 미디어는 아무래도 타인이 자신을 어떻게 보는지 한눈에 알기 쉽게 수치화하므로, 남과 자신을 비교하거나 필요 이상으로 평판에 신경을 쓰게 됩니다. 그러나 올림픽 경기가 아니니 숫자나 승패만으로 그 사람을 나타낼 수는 없죠.

타인의 평가에 의지하다 보면 주변 사람의 말에만 신경이 쏠려서 '좋아요'를 주고받게 됩니다. 소셜 미디어를 떠남으로써 일시적으로 사람들과의 관계가 나빠져도 어쩔 수 없습니다. 잠시 관계가 서먹해지는 것보다 사람들의 평판에 휘둘리는 게 감각에는 훨씬 해롭기 때문입니다.

## 나의 불쾌함은
남의 탓

정보화사회에서는 문제를 남 탓으로 돌리는 경향이 강합니다. 애초에 도시가 그렇습니다. 시골에서는 길을 걷다가 돌에 걸려 넘어지면 조심 좀 하라며 혼나는 정도가 고작입니다. 그런데 전철역에서 넘어지면, 그런 곳에 돌을 둔 사람이 누구냐며 고소하겠다고 합니다.

도시에는 사람이 만든 것만 있으므로 무언가 불쾌한 일이 생기면 남 탓을 하기 쉽습니다. 소셜 미디어는 더욱 그렇습니다. 불쾌함을 느꼈다면 그건 타인의 말 때문입니다.

돌에 걸려 넘어져도 자연이 원래 그러하니 어쩔 수 없다고 포기하면 편한데, 도시에서는 포기할 수가 없습니다. 포기가 안 되니 언제까지나 집착합니다. 감각이 작동하지 않으니 적당한 거리를 가늠할 수 없고요.

소셜 미디어에 국한된 이야기가 아니라 도시 사회, 정보화사회에는 늘 초조해하고 불쾌해하는 사람이 많은 듯합니다. 그런 사람을 제대로 상대하려 하면 엄청난 일이 벌어집니다.

그런데 상대 쪽에서 내게 다가온다면 어떻게 해야 할까요? 이때 혹시라도 상대해주는 사람이 없어서 안쓰럽다는 둥 괜한 생각은 하지 않는 게 좋습니다. 또 완전히 밀어내면 화를 입을 수도 있습니다. 그런 사람은 제멋대로라서 조금만 봐주면 자기 진영을 넓히려고 듭니다. 그러면 어떤 식으로 상대하는 게 현명할까요? 이는 거리감이라는 감각의 문제입니다.

이런 경우 도미노이론을 떠올리는 사람이 많습니다. 성가신 사람을 상대할 때 한 번 양보하면 또 어떤 억지를 부릴지 모른다는 겁니다. 즉, 도미노처럼 하나하나 계속 쓰러질 것이라 예상하고 강경한 태도를 취합니다. 소셜 미디어에서도 종종 볼 수 있는 모습입니다.

여기에 몸이 있으면, 아무리 성가신 사람이라도 도미노를 마지막까지 쓰러뜨릴 정도로 힘든 일은 하지 않으리라는 걸 감각적으로 알 수 있습니다. 상대의 호흡과 상황을 파악할 수 있으니까요.

그런데 소셜 미디어에서는 상대의 호흡도 숨결도 알 수 없습니다. 이럴 때는 깊이 들어가서는 안 됩니다. 그런 사람을 진심으로 상대하려면 엄청난 에너지를 쏟아부어야 합니다.

## 사람에게 지쳤을 때는
## 사물을 대하는 세계로

사람만 상대하다 보면 지치고 불안하고 초조해집니다. 소셜 미디어가 그 전형입니다.

관점에 따라서는 세계를 크게 '사람을 대하는 세계'와 '사물을 대하는 세계'로 나눌 수 있습니다. 요즘은 장래희망이 유튜버라고 하는 아이가 늘고 있다고 합니다. 지금은 나도 유튜버이니 딱히 그런 상황을 부정하지는 않겠습니다. 하지만 이는 아이들이 얼마나 '사람을 대하는 세계'에서만 살아가는지를 보여줍니다. 남에게 자신이 어떻게 보일까 하는 데만 관심을 쏟는 게 안타깝습니다.

요즘은 소설도 '사람을 대하는 세계'가 중심인 경우가 많습니다. 그 사람이 이러저러하다는 이야기만 쓰여 있고, 자연에 대한 묘사는 적습니다. 옛 소설은 그렇지 않았죠. 꽃, 새, 나무, 달이 있었습니다. 자연의 풍경은 인간의 외부에서 인간의 의사와는 무관하게 넓어집니다.

나는 뼛속부터 곤충 애호가입니다. 곤충의 세계는 '사물을 대하는 세계'입니다. 사물의 세계는 늘 평화롭지요. 곤충을 잡으러 들과 산으로 돌아다녀도 뭐랄 사람이 없습니다. 시골 산속이니 코로나19 외출 자제 기간이라도 자숙 경찰(일본에서 코로나19 긴급사태 발령 이후 정부의 방역 수칙에 따르지 않는 사람과 업소를 찾아다니며 사적 제재를 가한 민간 자경단―옮긴이)에게 질책받을 일이 없었죠.

우리는 인간 세계와 사물 세계를 오가야 균형을 유지할 수 있습니다. '사물을 대하는 세계'를 멀리하면 당연히 '사람을 대하는 세계'로만 눈이 향합니다. 그러면 감각이 바싹 메마릅니다. 그래서 곤충과 한동안 마주하고 있으면, 이번에는 사람의 얼굴이 보고 싶어집니다. 다른 사람과 소통하는 게 고맙습니다. 이 정도의 균형이 적절합니다.

사람을 대하는 데 지쳤다면 사람이 아닌 것을 상대하는 편이 좋습니다. 살아 있는 사람을 상대하기 때문에 의심이 마음을 지배하는 겁니다. 지인의 논밭에라도 가서 일을 해보면 압니다. 새소리를 들으며 묵묵히 손을 움직이고 흙을 만져보세요. 그냥 기분이 좋다는 걸 느끼면 됩니다.

나는 곤충채집을 하러 종종 라오스에 갑니다. 그러면 때로는 내가 곤충이 되죠. 딱히 그러려고 의식해서가 아니라 몇 주 동안 곤충을 보고 있노라면 저절로 그렇게 됩니다. 내가 곤충이 되어 곤충 입장에서 생각합니다. 그러다 보면 사람의 말로 이야기하고 생각하는 것이 문득 번거롭게 느껴집니다.

## 생각대로
## 되지 않음을 안다

 '사람을 대하는 세계'든 '사물을 대하는 세계'든 다양한 일을 겪다 보면 만사가 자기 뜻대로 되지 않는다는 걸 알게 됩니다. 세상에는 생각대로 되지 않는 일이 있다는 걸 깨닫는 겁니다. 이 깨달음이 관용의 시작입니다.
 나 자신이 끊임없이 변하듯 상대방도 마찬가지입니다. 만약 이상하다는 생각이 든다면, 나 자신이 이상하든지 상대가 이상하든지 둘 중 하나입니다. 그런데 요즘 사람들은 상대방이 이상하다고 생각하는 일이 훨씬 많은 듯합니다. 자기 자신은 변하지 않는다고 생각하기 때문입니다.
 그것이 '불관용'입니다. "이상한 것은 내가 아니라 저 사람이야." 이런 논리로 상대를 배제하려 합니다. 불관용의 극치입니다. 어쩌면 이상한 사람은 나 자신일지도 모릅니다. 이런 여지를 두지 않고 자기 모습을 고정하는 순간, 관용과 멀어집니다.

관용을 가지려면 내 생각대로 되지 않는 일이 있다는 걸 받아들인 다음, 조금씩 상황을 바꿔가는 수밖에 없습니다. 그러려면 나 자신이 바뀌어야 합니다. 이로써 우리는 노력, 인내, 끈기를 배웁니다.

내 생각대로 되지 않는 사람이나 사물을 마주했을 때, 우리는 진정한 의미의 체력과 감각을 시험받습니다.

ものがわかるということ

4장

상식과 데이터를 의심해보다

# 뇌화 사회는
# '다름'을 싫어한다

 의식이 활개 치는 뇌화 사회는 '다름'을 싫어합니다. 일상은 '다름'으로 넘쳐나지만 의식에 휘둘리면 일상이 옆으로 밀려납니다. 의식은 오로지 '같음'만 취급합니다.
 이런 '같음'의 전형이 숫자입니다. 사물을 숫자로 표현할수록 세계는 점점 단순해집니다. 인간도 숫자로 표현하면 편리합니다. 자신을 나타내는 번호만 있으면 그만이니까요.
 몇 년 전 은행에 가서 일을 보려는데 본인 확인 서류가 필요하다는 이야기를 들었습니다. 나는 운전면허가 없는 데다 병원을 가는 것도 아니니 건강보험증을 지참하지 않았지요. 그러자 은행원이 이러더군요. "곤란하네요. 무슨 말씀이신지는 알겠지만요." 자주 가는 동네 은행이라 그 직원도 저를 알고 있었거든요. 여기 있는 사람은 분명 요로 다케시인데, 왜 요로 다케시라는 걸 확인해야 하는 걸까요?

그리고 몇 년 뒤, 대답을 찾았습니다. 지금 세상에서 '본인'은 '노이즈noise'입니다. 당사자의 정보만 있으면 됩니다. 만약 본인 확인 서류를 로봇이 가지고 오면 어떻게 될까요? 아마 그래도 확인될 것입니다. 생기 있는 얼굴색이나 분위기, 목소리나 냄새 등은 모두 그저 노이즈일 뿐입니다.

의료 현장에서도 몸을 가진 환자는 어디론가 사라지고 검사 결과만 사실이 되었습니다. 지금은 의사의 일이라는 게 정상치에서 벗어난 수치를 정상치로 돌리는 것뿐입니다. 실제로 그 일이 환자와 얼마나 어떻게 관련 있는지는 관심도 없습니다.

나는 도쿄대학교 의학부에서 오래 일한 터라 진료과로 환자를 소개하는 일도 더러 있습니다. 그런데 진료를 마친 환자가 고맙다는 인사를 하러 와서는 이런 말을 합니다. "담당 선생님이 제 얼굴도 안 보더라고요. 진료 기록부나 컴퓨터 화면만 볼 뿐 저한테는 손도 대지 않았어요." 말 그대로 통계만 '사실'이고 사람 본인은 사라진 겁니다.

    회사에서 같은 부서의 동료끼리 메일을 보내는 것도 노이즈를 배제하고 싶기 때문입니다. 인간도 컴퓨터에 가까워져서 노이즈가 포함되면 처리하질 못합니다. 그래서 살아 있는 인간을 대하는 게 어려워졌습니다. 결혼하지 않는 사람이 늘어나는 것도 당연합니다. 결혼은 노이즈와 평생을 함께하는 것이니까요. 저출생 문제도 같은 이유입니다. 아이는 노이즈 그 자체이기 때문입니다. 이것이 현대 정보화사회의 본모습입니다.

# 숫자가 사실로
# 치환되는 정보화사회

정보화사회에서는 숫자가 사실로 치환됩니다.

곤충도감을 펼치면 어떤 곤충의 몸길이가 '○○밀리미터'라고 표기되어 있습니다. 많은 사람은 그것을 보고 사실이라고 믿죠.

실제로 곤충 몸길이를 재는 일은 그리 간단하지 않습니다. 곤충은 머리, 가슴, 배, 세 부위로 나뉘며 각 부분이 관절로 연결되어 있습니다. 관절은 늘어나는데, 죽어서 굳으면 굽어버립니다. 그래서 나는 머리, 가슴, 배 부분을 따로따로 잽니다. 그래도 오차는 있지만요.

곤충 몸길이를 측정하다 보면 개체 차이가 매우 크다는 걸 알 수 있습니다. 예를 들어 일곱 번 탈피한 곤충은 크지만, 여섯 번 탈피한 곤충은 작죠. 그래서 정규분포를 이루지 않습니다. 정규분포는 가로축을 곤충의 몸길이, 세로축을 개체 수로 해서 그래프를 그렸을 때 좌우대칭이 아름다운 종 형태가 되는 것을 말합니다.

곤충의 몸길이를 그래프로 그려보면 봉우리가 2개, 때로는 3개 생기기도 합니다. 곤충의 몸길이 하나도 간단히 파악할 수 없다는 얘깁니다. 도감에 쓰여 있으니까 옳다고 단정할 수는 없는 겁니다.

나는 쉰일곱 살 때 폐암이 의심되어 추가 검사를 받은 적이 있습니다. 나는 흡연자입니다. 흡연자는 암에 걸릴 확률이 높다는 데이터가 있으므로 검사 결과가 나올 때까지 각오하고 있었습니다. 결국, 폐암은 아니었지만요.

암 발병 요인은 한 가지가 아닙니다. 실제로 암의 발병 구조는 매우 복잡합니다. 그런데 암을 예방하기 위해 우리는 복잡성을 지우고 단순화한 인과관계를 설정합니다.

사람을 흡연자와 비흡연자로 나누고, 어느 쪽이 암 발병률이 높은지 조사한다고 칩시다. 흡연자 그룹이 암에 걸릴 확률이 높죠. 흡연과 암의 인과관계가 '실증'된 겁니다. 통계는 각 사례의 차이를 평균화하고 숫자로 추출하는 데만 주목해 그걸 데이터화합니다. 거꾸로 말하면, 통계에서는 차이를 '없는 것'으로 무시합니다.

그러나 담배를 피우는 방식은 사람마다 천차만별입니다. 하루 한 갑을 피우는 사람도 있고, 사흘에 한 갑을 피우는 사람도 있죠. 스무 살 때부터 담배를 하루 두 갑 피우다가 마흔 살에 끊은 사람도 있습니다. 그들을 전부 한 그룹으로 묶고 전체 수치를 내서 확률을 제시하는 게 통계 데이터입니다.

국가적으로 가장 먼저 금연 운동을 시작한 사람은 나치 독일의 히틀러입니다. 히틀러는 비흡연자였는데, 국민 건강 증진 운동의 일환으로 담배를 금지하면서 우생학과 연결 지었습니다. 일본에서도 2003년 건강증진법을 시행해 건강 증진에 힘쓰는 것이 국민의 책무가 되었습니다. 국가가 국민의 생활에까지 발을 들여 습관을 바꾸려 하는 것은 전쟁 중의 표어 "탐내지 마십시오. 이길 때까지는"(태평양전쟁 당시 일본에서 검약을 강조한 표어—옮긴이)과 다를 바 없습니다.

담배가 폐암 발병의 주된 요인인지도 의문입니다. 실제로 일본인의 흡연율은 감소하고 있는데, 폐암 발병률은 증가하고 있습니다. 발암 메커니즘은 복잡합니다. 일본인의 수명이 길어진 것뿐만 아니라 식생활부터 대기

오염, 스트레스까지 그 요인은 많습니다.

    암 발병 여부에는 개인차도 있습니다. 술과 담배를 잔뜩 하는데 여든 살까지 펄펄한 사람도 있습니다. 암은 근본적으로 유전 질병입니다.

## 몸의 소리를 듣는 데 필요한 것

통계 데이터는 어디까지나 판단 재료의 하나입니다. 앞으로는 의료 시스템에도 인공지능이 본격적으로 도입된다지만 사정은 달라지지 않을 겁니다. 만약 최종적인 판단을 인공지능에 맡기는 의사가 나온다면 어쩔 수 없는 일이지만요.

신체가 어떤 현상을 나타내는 요인은 복합적입니다. 건강검진 결과, 전혀 이상이 없었는데 갑자기 쓰러지는 사람도 있습니다.

혈압이나 혈액검사 수치처럼 몸 상태를 정보화할 수 있는 부분은 극히 일부입니다. 그래서 예상치 못한 병이 발견되기도 하죠. 가슴 통증이 전혀 없는 심근경색을 검사를 통해 발견한 내 사례도 그중 하나입니다.

수치에 연연하면 건강을 지키는 데 그것만 중요하다고 생각하기 쉽습니다. 건강 진단 결과에 일희일비하는 사람은 그 덫에 빠진 셈입니다.

그렇다면 의료에서 통계를 부정해도 될까요? 아닙니다. 그건 불가능합니다. 그러나 통계 데이터만을 판단 근거로 삼는 것은 위험하다는 뜻입니다.

예를 들어, 자기 몸의 이상을 알아채고 암일지도 모른다는 생각이 들어서 인터넷 검색을 했더니 10만 명 중 한 명이라는 수치가 나왔다고 가정해봅시다. 확률이 낮으니 암은 아닐 거라고 안심할지도 모릅니다. 몸보다 수치를 우선하는 건 본말이 전도된 생각입니다.

정말 중요한 것은 '몸의 소리'를 듣는 일입니다. 고민 끝에 내가 결국 병원에 가기로 한 것은 몸이 안 좋아서 어찌할 수 없었기 때문입니다. 그게 몸의 소리입니다.

몸의 소리를 듣기 위해서는 자기 자신이 '완전한 자연체'여야 합니다. 나는 꽃가루 알레르기가 있는데, 증상이 심해도 지금까지 약은 되도록 먹지 않고 있습니다. 약으로 증상을 억누르면 몸의 소리가 들리지 않을까 봐 걱정되기 때문입니다.

## 뉴스를 내 머리로 생각하려면

도널드 트럼프가 미국 대통령이던 시기에 나는 몇 번인가 가짜 뉴스에 관해 이야기할 기회가 있었습니다. 당시에는 가짜 뉴스에 속지 않기 위해 사실 여부를 확인하고 근거를 중시해야 한다는 주장이 많았습니다. 여기서 말하는 '사실'이나 '근거'는 통계 데이터이므로, 몸이나 감각이 아닙니다.

우리 세대는 가짜 뉴스 속에서 자랐습니다. 이른바 대일본제국 시기죠. 초등학교 2학년 때 전쟁이 끝났는데, '양동이 릴레이'니 '죽창 훈련'이니 하는 것들이 그해 8월 15일에 확 뒤집혔습니다. 전쟁 중의 언론 보도는 거의 가짜 뉴스였습니다.

내가 태어난 1937년 11월 11일 자 신문을 본 적이 있습니다. 그해 7월 중일전쟁의 발단이 된 노구교盧溝橋 사건이 일어났습니다. 앞뒤로 인쇄된 한 장짜리 신문에는 일본군 여러 중대가 중국 곳곳에서 활약했다는 전쟁 기사밖에 없었습니다. 화재나 싸움, 살인에 관한 기사는 실려 있지 않았죠. 한정된 지면을 오직 전쟁 기사로 채웠다는 것은 달리 중요한 게 없다는 메시지입니다. 이것도 일종의 '가짜', 즉 거짓입니다.

전쟁이 끝난 해 가을에는 교과서에 검은색 칠을 했습니다. 학교 선생님보다 국정교과서가 훌륭하던 시절이었는데, 거기에 진주군進駐軍(남의 나라 영토에 들어와서 머무르고 있는 군대—옮긴이)이 와서 '군국주의적인 내용'을 검은색으로 칠해버린 겁니다. 그전까지는 귀축미영鬼畜米英(악귀와 짐승 같은 미국과 영국이란 뜻으로, 제2차 세계대전 당시 일본이 사용한 선전 용어—옮긴이)을 슬로건으로 내걸던 사회가 패전을 경계로 "평화 헌법 만세!"를 외치는 세상으로 백팔십도 달라졌습니다.

거짓말은 세 단계를 거쳐 태어납니다. 첫 번째는 기호화 단계입니다. 그 전형으로 '날조'를 들 수 있습니다. 의도적으로 거짓말을 하는 겁니다. 요즘은 사진이나 영상도 쉽게 가공할 수 있는 시대이므로 기호화 단계에서 거짓말하기가 한결 쉬워졌습니다.

두 번째는 기호화한 정보를 발신·수신하는 단계입니다. 신문이든 텔레비전이든 뉴스든 취급 가능한 분량은 제한되어 있습니다. 그래서 발신 정보를 취사선택합니다. 우리의 일상 대화 또한 마찬가지입니다. 자신에게 일어나는 모든 일을 전부 이야기할 수는 없으니, 무언가를 말할 때는 어떤 정보를 언급할지 판단해야 합니다.

중국과의 전투 상황만 보도한 신문은 이 두 번째 단계에 해당합니다. 한정된 지면을 중국과의 전투 기사로 채움으로써 '이보다 중요한 것은 없다'는 메시지를 발신합니다. 이런 식으로 정보를 흘리는 것 자체에 담긴 메시지를 '메타 메시지'라고 합니다. 메타 메시지는 무언가를 지나치게 강조하거나 아예 숨기기 위해 거짓말을 만듭니다.

정보를 수신하는 단계에서는 받아들이는 사람의 편견이 거짓말을 만들어냅니다. 예를 들면, 트럼프를 지지하는 데 자신을 고정한 사람은 자기가 좋아하는 정보만 받아들입니다. 트럼프에게 불리한 정보는 거짓말이라고 판단합니다. 진위와 관계없이 본인이 받아들이는 방식에 따라 얼마든지 거짓은 생겨납니다.

세 번째 단계는 무의식 수준에서 발생하는 거짓말입

니다. 의식은 기호화할 수 없는 것을 무시합니다. 기호화할 수 있는 것만 현실 또는 사실이라고 인정하므로 구체적인 상황이 빠져버립니다. 그래서 말이나 숫자로 표현하는 것 자체에서 거짓이 생겨나기 쉽습니다.

그러나 의식은 그것을 알아차리지 못합니다. 이런 무의식을 처음으로 발견한 사람이 정신분석학의 창시자 지그문트 프로이트입니다. 프로이트는 인간 행동이 무의식의 지배를 받는다고 생각했습니다. 무의식이란 평소에는 알아채지 못하는 '억압된 의식'입니다. 억압된 의식은 싫은 것을 생각하고 싶지 않아서 그런 건 없는 셈 치죠.

애초에 의식은 바깥 세계를 파악하기 위한 것이므로 자신의 몸이나 내면에 대해서는 아무것도 모릅니다. 그런 주제에 자기가 제일 잘났다고 생각합니다. 자기 몸이나 내면을 못 본 척하니 거짓말이 생기기 쉬운 것은 당연합니다.

이런 관점에서 보면, 누구나 사실뿐 아니라 거짓말을 하는 셈입니다. 그러니 모든 뉴스가 가짜일 수 있다고 의심해보는 편이 안전합니다. 그러면 비로소 자신의 머리로 생각하는 게 가능해지기 때문입니다.

트럼프처럼 '가짜'를 좋아하고 '가짜 뉴스'를 이용하

려는 사람이 많아져도 받아들이는 사람이 속지 않으면 그만입니다. 정치가에게는 머리가 차가운, 즉 냉정한 판단을 하는 사람이 가장 다루기 힘든 존재입니다. 가짜를 발신하는 사람에게 맞서서 상대의 의욕을 꺾으려 그쪽으로 시선을 주면 그와 똑같은 수준이 되고 맙니다. 아무리 가짜 뉴스를 내보내도 사람들이 그것을 정보로 받아들이지 않으면 확산되지 않습니다. 관심을 끄고 "문제는 당신한테 있겠지요" 하고 고개를 돌리는 게 현명합니다.

## 지구온난화 문제를
## 파악하는 방식

 지구온난화도 간단히 판단할 수 있는 문제가 아닙니다. 우리가 느끼는 온난화의 가장 큰 요인은 도시 열섬 현상입니다. 말 그대로 도시가 뜨거워지는 것이죠. 어찌 보면 당연한 현상입니다. 자동차 엔진이 내내 기름을 태우는데, 이는 1년 내내 불을 피우는 것이나 마찬가지입니다. 냉온풍기, 냉장고도 열을 냅니다. 도시에 밀집해서 다들 열을 내고 있으니 도시를 직화直火로 태우는 셈입니다.

 그렇다면 온실가스 때문에 지구온난화가 일어나는 걸까요? 이 물음에 나는 "알 수 없다"는 답을 내놓을 수밖에 없습니다. 지구온난화가 인위적인 것인지에 대해서는 의견이 나뉩니다. 유엔은 인위적 온난화라고 주장하고, 일반적으로도 그 주장을 받아들이고 있는 상태입니다.

노벨 평화상을 받은 전직 미국 부통령 앨 고어Al Gore는 《불편한 진실》이라는 책에서 인위적 온난화를 주장했습니다. 이 책 전반부에서는 지구온난화가 인위적인 것이라고, 후반부에서는 흡연이 폐암의 원인이라고 주장하죠.

나는 이 책의 서평을 쓴 적이 있는데, 정치가의 책인 만큼 이 둘이 정치와 관련 있다는 사실을 명확하게 알 수 있었습니다. 앨 고어가 하고 싶은 이야기는 대체 무엇이었을까요?

내 생각으로는 중국이나 인도에 압력을 가하고 싶었던 것 같습니다. "온실가스 배출량을 줄여라" "석유를 가능한 한 사용하지 마라" 이렇게 말입니다. 그런데 서구는 쉽게 석유 소비량을 줄일 수 없습니다. 미국 문명은 석유 문명입니다. 미국의 질서는 석유로 유지되고 있죠.

그렇다면 석유를 사용하지 말라는 압박을 가장 강하게 받는 국가는 어디일까요? 당시 석유 사용량이 맹렬하게 증가하기 시작한 중국과 인도겠지요. 미국 입장에서는 유한한 석유를 가능한 한 오래 사용하고 싶은 거고요.

신흥국이 석유를 낭비하게 둘 수는 없다는 것입니다.

   진정 온실가스 증가를 걱정해 배출을 억제하고 싶다면 확실한 방법을 쓰면 됩니다. 바로 석유 생산량을 조절하는 겁니다. 소비를 줄이라고 해도 다른 어딘가에서 사용하면 소용이 없으니, 아예 생산량을 연간 몇 퍼센트씩 삭감하는 것입니다. 예를 들어 50년 동안 50퍼센트를 완전히 줄이는 겁니다. 정말 온실가스가 세계적 문제라면, 이런 당연한 해결책을 왜 아무도 제시하지 않을까요? 요컨대 사람들은 정말로 온실가스로 인한 지구온난화를 걱정하는 게 아닙니다. 정말로 걱정한다면 가스관을 닫으면 될 일입니다.

## 자신의 변화를
## 간과하는 미래 예측

《바보의 벽》을 썼을 때 임야청林野庁(우리나라의 삼림청에 해당—옮긴이) 간담회에 참석했는데, 당시 문서에 "이산화탄소 증가에 따른 지구온난화"라는 표현이 있어서 "이산화탄소 증가에 따른 것으로 추측되는 지구온난화"라고 수정할 것을 요구한 적이 있습니다. 그 자리에 있던 공무원들은 곧장 반발했죠. 반론의 근거는 국제회의에서 세계 과학자의 80퍼센트가 이산화탄소를 지구온난화의 원인으로 인정했다는 거였습니다. 그러나 과학은 다수결이 아닙니다.

지구 전체에서 온난화가 일어나는지 아닌지도 쉽게 판단할 수 없습니다. 지구 전체 기온을 어떻게 측정할지부터 어려운 문제입니다. 온난화가 가져오는 영향도 단순한 인과관계로 논할 수 없습니다. 생태계는 굉장히 복잡해서 무엇이 무엇 때문인지 간단하게 판단하기 어렵습니다. "석유를 소비하면 온실가스가 나온다" "온실가스가 나오면 지구는 온난화한다" 같은 인과관계는 단순한 명제로밖에 성립하지 않습니다. 그래도 뇌화 사회 사람들은 이런 명제를 가장 '이성적'이라고 믿습니다. 하지만 의심하지 않으면 자신의 머리로 생각할 수 없죠.

'이렇게 하면 그렇게 된다'라는 생각의 정점은 미래 예측입니다. 미래 예측에서 이상한 것은 '계속 변화하는 나'를 고려하지 않는다는 데 있습니다. 거듭 강조했듯 정보는 움직이지 않지만, 인간은 계속 변화합니다. 달라진 내가 무엇을 어떻게 생각할지 지금의 나는 알지 못합니다.

미래 예측은 '달라질' 나를 항상 간과합니다. 의식은 자신이 정보라고 규정하기 때문입니다. 그런 정보화사회의 인간은 '이렇게 하면 그렇게 된다'라고 미래를 예측합니다. 거기에 자신의 변화는 들어 있지 않죠. 그런 예측이 과연 확실할까요? 보는 방식을 달리하면, 즉 통계치를 내는 당사자 자신이 바뀌면 통계치를 내는 방식도 달라집니다.

이런 이야기를 하면 "그럼 아무것도 확실하지가 않잖아요"라고 반문하는 사람이 있습니다. 이는 그가 '0'과 '1'밖에 생각하지 않는다는 증거입니다. 과학은 그런 게 아닙니다.

오스트리아에서 태어난 영국 철학자 칼 포퍼Karl Popper는 반증 가능성이라는 사고방식을 제창했습니다. 반증할 수 있어야 과학이라는 생각입니다. 바꿔 말해, 반증 가능성이 없으면 과학이라고 할 수 없습니다. 가령 "우주는 신이 창조했다"라는 명제는 반증할 수 없습니다.

포퍼의 사고방식에서 중요한 것은 '과학적'으로 옳게 보이는 논리가 있어도 그것에 합치하는 데이터가 많이 모여 있기만 해서는 과학적이지 않다는 것입니다. "모든 백조는 희다"라는 이론은 검은 백조를 발견함으로써 완전히 뒤집혔습니다. 그렇게 뒤집힐 가능성이 있는 이론이야말로 과학적인 이론입니다.

과학에 100퍼센트 정답은 없습니다. 그러나 이는 아무것도 확실하지 않다는 말과는 다릅니다. 과학은 끊임없이 확실한 것을 찾습니다. 확실한 것을 찾으려 하기 때문에 늘 의심하는 자세를 갖는 것입니다.

아무것도 믿지 말라는 이야기가 아닙니다. 그러나 어떤 것도 100퍼센트 정답은 아니니, 그냥 그대로 받아들이지 말라는 뜻입니다.

　지구온난화의 이유가 온실가스일 가능성이 크다고 생각해도 좋습니다. 다만, 가능성이 큰 것일 뿐 100퍼센트 진리는 아닙니다. 이것을 진리로 받아들이는 사람은 광신이나 맹신에 빠지기 쉽습니다. 자칫하면 사이비 종교에 빠질 수도 있지요.

# '생물 다양성'이란 말에서 느끼는 모순

환경문제를 논할 때 흔히 생물 다양성을 지켜야 한다고 말합니다. 그러나 나는 '생물 다양성'이라는 말 자체에 모순을 느낍니다.

생태계에 대한 지식과 감각이 지나치게 없는 현실을 나는 줄곧 '도시화'라 칭했습니다. 도시에서는 파리도 모기도 바퀴벌레도 전부 없는 편이 가장 좋다고 여깁니다. 예전에 새로 생긴 경제단체연합회 회관에서 생물 다양성 관련 좌담회가 열려 참석한 적이 있습니다. 좌담회에서 내가 가장 먼저 한 말은 이것입니다.

"이 좌담회가 열리는 이곳에는 파리도 모기도 바퀴벌레도 한 마리 없지 않습니까. 그런데 무엇이 생물 다양성입니까."

파리도 모기도 바퀴벌레도 한 마리 없는 곳에서 생물 다양성에 대해 논하는 일 따위를 보고 우리는 뜬구름을 잡는다고 말합니다. 그저 지구상에는 다양한 종류의 생물체가 있다는 식의 발언만 하면서 생물 다양성을 이해한 듯한 기분을 맛보는 겁니다.

이런 관점으로 생물 다양성을 논해봤자 아무런 의미가 없습니다. 이런 사람은 아내가 미용실에 갔다 오든, 새 옷을 입든 변화를 알아채지 못합니다. 상황의 변화에 둔감합니다. 그러니 현대인이 생물 다양성이네, 환경이네 이야기한들 별 소용이 없을 것만 같습니다. 그들은 사실상 중요성을 느끼지 않기 때문입니다. 애초에 관심이 없습니다. 곤충을 발견하면 "벌레다!" 이 한마디로 끝납니다.

창문을 열어놓으면 붉은산꽃하늘소가 날아옵니다. 그걸로 여름이 온 줄 알죠. 보통은 그 곤충이 하늘소인지도 모르겠지만요. 붉은산꽃하늘소는 나뭇가지 더미에서 발생합니다. 주로 여름에 나오죠. 이렇게 자연스럽게 일어나는 현상의 섬세한 상호작용을 보지 않은 채 생물 다양성을 말로만 내뱉는 것은 머릿속 개념 조작에 지나지 않습니다.

지구상에는 균류에서 인간까지 각양각색의 생물이 공존합니다. 무엇 하나 똑같은 것이 없죠. 생물 다양성은 말이 아니라 자기 자신의 감각을 사용해야 비로소 이해할 수 있습니다.

## 환경문제는
## 몸의 문제

'환경문제'라는 말도 마찬가지입니다. 환경문제를 다루는 텔레비전 프로그램이 꽤 자주 방영됩니다. 환경에 관해 이야기하지만 텔레비전 화면 너머로는 냄새도, 바람도, 온도도 알 수 없습니다. 그런 세계는 마치 전래동화 속 세계처럼 불확실합니다.

환경이라는 말을 들으면 '바깥에 있는 세계'라고 느끼는 사람도 많을 테지요. 그러나 사실은 그렇지 않습니다. 환경이란 우리 몸입니다. 우리 몸에는 100조 마리 넘는 생물이 살고 있습니다. 뱃속이나 입안에도 억 단위의 세균이 살고 있죠. 치태를 떼어내 현미경으로 보면 세균이 우글우글합니다. 인간도 생태계입니다.

그런 인식이 없는 사람에게 환경문제는 자기와 동떨어진 세계의 이야기로밖에 들리지 않습니다. 말로 무언가를 전하려 해도 소용없습니다. 말보다 '밖으로 나가는 것'이 먼저 이루어져야 합니다.

도시에서는 지면도 건물 벽도 모두 콘크리트로 되어 있습니다. 자동차는 포장된 도로를 달리고, 전동차는 시간표대로 움직입니다. 우리는 문명을 사용해 인공적으로 만든 질서 안에서 살아갑니다. 그런데 질서는 공짜로 태어나지 않습니다. 그 대가로, 어딘가 다른 장소는 무질서해집니다.

한 예로, 도시의 들개를 포획하고 집에서 기르는 개를 전부 묶어두자 원숭이, 사슴, 늑대가 시골의 밭들을 마음껏 헤집어놓았습니다. 우리는 인간 외의 생물을 배제하며 발전해왔기에 그런 무질서를 좀처럼 알아채지 못합니다.

의식은 그래도 상관없을지 모릅니다. 하지만 뒷감당은 오롯이 몸의 몫입니다. 자연을 없앤 세계에서 몸 상태가 나빠지는 것은 당연합니다. 실험실에서 기르는 쥐와 다름이 없죠.

음식을 섭취하고 가스를 배출하는 것만 봐도 우리 몸은 환경과 연결되어 있습니다. 몸과 환경 사이에는 단절

된 부분이 없습니다. 이런 점을 잊고 있기 때문에 생물다양성이며 환경이며 하는 논의가 전부 공중에 떠버리는 것입니다.

도시에서는 밖으로 나가도 자연이 없으니 숲과 논밭엘 가라고 말할 수밖에 없습니다. 거기서 곤충 한 마리를 가만히 바라봅니다. 곤충 한 마리에도 수없이 복잡한 배경이 있습니다. 찬찬히 살피다 보면, 식물도 궁금해지고 땅속도 궁금해집니다. 아무리 오래 살아도 시간이 부족할 정도입니다.

## 복잡한 세계를
## 단순화하려는 현대

현미경으로 곤충을 관찰하면 10배는 크게 보입니다. 그런데 이때 참 재밌는 일이 일어납니다. 10배로 확대하면 곤충은 훨씬 잘 보이지만 그 외의 것은 훨씬 더 흐리게 보인다는 겁니다. 그 곤충 외의 세계가 10배 흐려지죠.

그래서 다른 세계를 또 10배로 관찰해봅니다. 그런 식으로 무언가를 정밀하게 살피다 보면 그만큼 나의 세계가 확대됩니다. 배율을 올리면 세계는 더 커집니다. 100배면 1센티미터짜리 곤충이 1미터가 됩니다.

별 관찰도 마찬가지입니다. 어떤 별을 망원경으로 100배 확대하면 우주는 100배가 됩니다. 다른 별도 그 정밀도로 보게 되니까요. 모든 별을 그런 식으로 관찰할 수 있습니다.

정밀하게 들여다보면 그만큼 문제는 커집니다. 아무리 살펴봐도 끝이 없죠. 세계는 그만큼 복잡하게 구성되어 있는데, 의식은 그걸 단순화해서 설명하고 싶어 합니다.

과학은 '이런 전제일 때 이런 결론이라고 합시다'라는 말에 지나지 않습니다. 전제가 달라지면 결론도 완전히 달라질 수 있죠. 무엇이 옳다고 단언하는 과학자는 신용할 수 없습니다.

요즘 시대의 디지털 도구는 10배, 100배 따윈 우습습니다. 카메라로 곤충을 확대하면 초점이 맞지 않아서 흐린 부분이 나오는데, 이것을 컴퓨터로 합성하면 전체가 또렷한 곤충 확대상을 만들 수 있습니다. 이걸 어떻게 생각하면 좋을까요?

나는 쓰쿠바대학교 오치아이 요이치落合陽一 교수의 '디지털 네이처'라는 표현을 접하고 감탄했습니다. 컴퓨터로 합성한 화상이지만 또렷한 그 모습은 '확대한 자연'이라고 말해도 되겠지요. 디지털 기술의 발전 덕에 우리의 눈은 좋아졌습니다. 나도 곤충을 볼 때 기술 발전의 혜택을 누립니다. 디지털 도구로 복잡한 세계를 정밀하게 볼 수 있죠.

그러나 이때 사용하는 기술은 어디까지나 보조 도구

입니다. 살아 있는 곤충이 그것보다 먼저입니다. 콘크리트 도시에 있는 한 아무리 고성능 현미경이 있어도 곤충을 볼 수는 없습니다.

내 유일한 재산은 직접 만든 곤충 표본입니다. 모두 하코네의 집에 보관하고 있습니다. 표본에 곰팡이가 생기지 않도록 에어컨으로 실내 습도를 조절할 수 있는 설비를 갖춘 집이었는데, 10년이 지나자 에어컨이 고장 났습니다. 역시 수고를 덜고 관리하려던 생각이 좋지 않았던 모양입니다.

어떤 사람이 지퍼 달린 플라스틱 봉투에 탈산소제와 함께 넣어두면 곰팡이가 생기지 않고 10년 넘게 보존된다고 해서 그 방법도 써봤습니다. 그러자 이번에는 쉽게 열지를 못했습니다. 그제야 수시로 공들여 관리하는 방법이 최고라는 걸 새삼 깨달았죠. 수고를 아끼면 곤충 표본을 만들어놓고도 마음대로 볼 수가 없습니다.

## 인간이 기계와 닮아가는 뇌화 사회

컴퓨터와 스마트폰으로 상징되는 뇌화 사회는 지금도 진행 중입니다. 컴퓨터란 무엇일까요? 뇌에서 만들어진 가장 새로운 계산 기능을 최대한 발휘해 바깥으로 영역을 넓힌 것이라 할 수 있습니다.

최근에는 인공지능이 인간의 일을 빼앗고 있다는 이야기가 많이 들립니다. 어디서 그런 발상이 나오는 것일까요? 컴퓨터가 할 수 있는 일을 인간이 할 필요는 없습니다. 100미터 달리기를 오토바이와 경주하는 사람이 없는 것과 같습니다.

계산에 특화된 알고리즘으로 작동하는 기계와 인간이 경주할 필요는 없습니다. 인간이 컴퓨터와 장기를 둬서 졌기 때문에 컴퓨터가 사람보다 대단한 것은 아닙니다. 그런 논리라면 자동차나 오토바이도 사람보다 대단한 것이겠지요.

뇌와 인공지능의 가장 큰 차이는 '몸'이 있는지 여부입니다. 뇌는 몸의 일부입니다. 몸이 없으면 할 수 없는 일이 많습니다. 계산만 필요한 일은 인공지능에 맡기면 됩니다. 경제적·합리적·효율적이면 되니까요.

은행은 앞으로 10년 동안 직원 수십만 명을 정리 해고할 계획이라고 합니다. 그 수십만 명은 컴퓨터가 진화하면 해고될 만한 일을 하고 있었다는 얘깁니다. 이런 현상이 이상하게 느껴지지 않는 건 우리가 뇌화 사회에 살고 있다는 증거입니다.

매일 컴퓨터를 만지다 보면 컴퓨터와 비슷해집니다. 틀에 박힌 대응을 하는 것도 인간이 컴퓨터와 비슷해졌기 때문입니다.

노래를 부를 때 옛날에는 기타 반주를 사용했습니다. 음정이 어긋나고 박자가 늦어도 연주자가 능숙하게 반주를 맞춰주었죠. 그런데 지금은 노래방 기계음에 맞춰서 노래를 부르고 점수로 평가까지 받으며 기뻐합니다.

인공지능이 인간과 비슷해진다고 표현하면 인간은 융통성 있는 생물이라는 점을 잊고 있다는 뜻입니다. 기계가 인간과 비슷해지는 게 아니라, 인간이 융통성 없는 기계에 가까워지는 것입니다. 융통성을 발휘할 수 있는 인간임에도 점점 더 융통성을 발휘하지 않게 되는 것이 현대인의 특징입니다.

"기술 발전은 필요한가?"라는 질문을 받을 때가 있습니다. 젊은이들은 끊임없이 무언가를 알고 싶어 합니다. "어떤 의미가 있나?" "꼭 필요한가?" "도움이 되나?" 이런 근본적인 물음을 내세우다 보면 아무것도 안 해도 된다는 결론에 이릅니다. 그런 걸 추구해봤자 소용이 없습니다.

사회는 더없이 편리한 세상이 되었지만, 인간은 게으릅니다. 인간은 합리적인 구조로 이뤄져 있어서 사용하지 않는 것은 생략해버립니다. 뭐든 편리한 도시에만 있으면 정말로 필요한 게 무엇인지 모릅니다.

내가 시골에 가서 자연을 접하라고 권하는 이유는 부자유한 생활이 정말 필요한 걸 깨닫게끔 해주기 때문입니다. 살면서 정말 필요한 것은 사실 그리 많지 않습니다. 자유롭고 편리한 생활을 하다 보면 뭐든 쉽게 얻을 수 있다고 착각해서 요구만 많아지는 것입니다.

트위터(현 X)나 페이스북을 보면서 나는 뇌의 배설기관이 늘어났다고 느낍니다. 데이터를 빼간다고 해도 피를 빼가는 건 아닙니다. 그러나 의식의 세계, 의미의 세계가 전부라고 생각하므로 개인 정보를 빼앗기면 자기 자신을 잃는 것처럼 생각합니다.

지금 대도시에 사는 사람은 거의 다 병원에서 태어났습니다. 그리고 대부분 병원에서 죽지요. 병원에서 인생이 시작되고 병원에서 끝나는 겁니다. 그런 관점에서 보면, 모두가 임시 퇴원해서 바깥에 나온 상태일 뿐입니다.

데이터를 운운하기 전에 이런 상황의 기이함을 알아챌 수 있을까요? 글로는 아무리 읽어봐야 느끼지 못합니다. 자연을 직시하고 몸으로 느끼는 일이 중요한 이유가 여기 있습니다.

5장

자연 속에서 살고 자연과 공명하다

## 도시화의 진행,
## 머리로 움직이는 사회

　일본은 오늘날에도 삼림이 풍부한 국가입니다. 약 40퍼센트는 인공림이지만 국토의 70퍼센트 가까이가 삼림이죠. 곤충도 많습니다. 영국처럼 심각한 환경 파괴에 이르지 않은 건 일본의 자연이 굉장히 튼튼하기 때문일 것입니다.

　잡목림을 보면 알 수 있듯 일본에서는 아무리 베어내도 나무가 자랍니다. 에도시대에는 매년 새로 성장하는 나무로 수요를 대부분 채울 수 있을 정도였습니다. 장마나 여름의 고온다습, 태풍이나 대설 등이 인간에게는 고맙지 않지만, 그런 환경 덕분에 일본은 꽤 북쪽에 위치한 나라인데도 6월부터 9월까지는 식물이 맹렬한 기세로 번성합니다. 과거에 일본인이 어떻게든 먹고살 수 있었던 것은 자연이 풍요로웠기 때문입니다.

그러나 전후戰後 반세기 동안 일본은 이처럼 고마운 환경을 한결같이 파괴해왔습니다. 전후 일본에서는 줄곧 도시화를 진행했습니다. 도시화는 머리 중심 사회와 관련이 있습니다. '이렇게 하면 그렇게 된다'라는 사고방식입니다. 그게 나쁘다는 뜻이 아닙니다. 그래도 뭐든 정도가 있게 마련인데, 이런 사고방식이 전부가 되어버리면 여기저기서 문제가 발생합니다.

요즘 사람은 착화제가 없으면 불을 피우지 못한다고 합니다. 신문지 위에 장작을 올리고 성냥으로 불을 붙이면 끝이라고 생각한답니다. 그러면 신문지만 타고 두꺼운 장작에는 불이 붙지 않겠죠. 장작을 쪼개거나 칼로 잘게 깎아서 불이 붙기 쉽게 만든다는 발상 자체가 없다는 겁니다.

현대사회에서는 장작에 불을 못 붙여도 가스며 전기를 언제든 사용할 수 있습니다. 목욕물 데우기도, 밥 짓기도 모두 버튼 하나만 누르면 그만입니다. 옛날엔 목욕물을 데우든 밥을 짓든 장작에 불을 붙이는 일부터 시작했습니다. 적당한 순서를 밟지 않으면 불을 붙일 수 없었죠. 그렇게 하나하나 순서를 따랐던 세대에게 요즘 세상은 편리하기 짝이 없습니다.

버튼을 누르기만 하면 목욕물이 끓는 건 '이렇게 하면 그렇게 된다'라는 도식 그대로입니다. 거기에는 장작 쌓는 순서가 틀리면 불은 붙지 않는다는 발상이 빠져 있습니다.

도시화 이전에 인간은 자연과 공존했습니다. 자연과 공존한다는 건 어떤 의미일까요? 자연이라고 하면 사람들은 가장 먼저 원시림이나 산지山地의 이미지를 떠올릴지도 모릅니다. 인간과 거리가 먼 곳, 인간의 손길이 닿지 않은 곳 말입니다.

그러나 정말로 인간과 관련이 없다면 그런 자연은 있든 없든 상관없지 않을까요? 자연이 인간과 관련이 없다면 인간은 자연과 단절되겠지요. 그러나 자연에 대한 일본인의 감각은 그렇지 않습니다. 일본인의 뿌리에는 '자연은 타협하며 살아가는 존재'라는 생각이 있습니다. 이것은 자연을 상대로서 인정하고 있다는 뜻이기도 합니다.

자연을 대하는
지혜란




 자연과 더불어 사는 일본인의 독특한 지혜 중에는 '사토야마里山'라는 게 있습니다. 사토야마는 마을 가까이에 있어 사람들의 생활과 밀접하게 연결된 산이나 잡목림을 말합니다. 잡목림에서는 다양한 자원을 얻을 수 있죠. 자란 나무는 숯의 재료며 장작이 되고, 낙엽과 잡초는 비료가 됩니다. 이를 유지하고 유용하게 사용하기 위해 에도시대부터 농민들은 사토야마를 꾸준히 가꿨습니다.

 풀밭에 나무가 자라기 시작할 때 성장하는 대로 그냥 두면 조엽수림照葉樹林(습기가 많은 곳에 분포해 있는 상록 활엽수림—옮긴이)이 형성되고 맙니다. 조엽수림은 햇볕을 가리기 때문에 그 아래에서는 풀이 나지 않습니다. 풀이 없으면 풀과 공존하는 다양한 생물도 살지 못합니다. 그래서 예부터 사람들은 나무의 성장에 맞춰 사토야마를 가꾸며 조엽수림이 조성되는 걸 막았습니다.

    그 결과, 나무들은 10년에서 20년 주기로 교체됩니다. 일본 중부 간토 지방에서 사토야마는 대개 졸참나무처럼 높이 15미터가량의 큰 나무, 때죽나무처럼 높이 10미터 정도의 아교목亞喬木(교목과 관목의 중간 식물—옮긴이), 그리고 그보다 작은 조릿대 등으로 이루어집니다. 그냥 자라는 대로 두면 모밀잣밤나무나 가시나무 같은 조엽수로 가득할 텐데 사람들의 손길이 닿아 다양한 생물이 공존하는 생태계를 유지하는 것입니다.

    사토야마의 잡목림은 사람 손길이 더해질 때 자연이 더욱 풍요로워질 수 있음을 보여줍니다. 나는 가마쿠라에서 나고 자라 지금도 가마쿠라에서 삽니다. 전쟁 전에는 가마쿠라의 산도 사토야마로서 사람들의 꾸준한 손길이 닿아 그런 환경에 적응한 다양한 생물이 살았습니다. 그러나 전후에 숯을 만들거나 잡초를 베지 않으면서 지금은 자연림에 한결 가까워졌습니다. 상수리나무와 졸참나무가 무성하고 예전엔 드물던 조엽수가 빼곡히 들어서 자연림에 서식하는 곤충이 많아졌습니다.

어렸을 때는 가마쿠라 시내가 한눈에 들어오는 작은 언덕을 참 좋아했습니다. 지금은 그곳에 올라도 아무것도 보이지 않습니다. 나무가 크고 잎이 무성해서 그 너머 풍경을 볼 수 없거든요. 어떤 숲이 더 나은지 단순히 결론 내릴 수는 없으나 예전 사람들이 자연을 꾸준히 가꿨다는 것만큼은 확실히 알 수 있습니다.

## 순환형 사회를
## 추구한 에도시대

 에도시대에는 낮은 생산성 등의 이유로 재활용이 철저하게 이루어졌습니다. 현대에서 말하는 순환형 사회입니다. 기모노는 몇 번을 뜯어서 수선했는데, 부모가 자식에게 물려주는 건 물론이고 삼대에 걸쳐 입기도 했습니다. 유카타(홑겹으로 만든 일본 전통 의상—옮긴이)도 기저귀나 걸레로 만들어 완전히 해질 때까지 사용했습니다. 천으로 이용할 수 있는 한 끝까지 썼죠.
 에도시대 재활용의 큰 특징은 분뇨 처리에 있습니다. 당시 농가는 논밭 주변에서 베어낸 풀을 긁어모아 거름으로 만들어 썼는데, 농지 개척이 진행되자 풀이 부족해졌습니다. 그래서 사람들은 사람의 분뇨나 아궁이의 재를 비료로 사용하기 시작했습니다. 분뇨를 변소에 쌓아두면 그걸 필요로 하는 농민이 가지러 옵니다. 이내 자연스럽게 유통 체계가 생겨나 농가는 중개인이나 도매인을 통해 분뇨를 구매하기에 이르렀습니다.

에도는 당시 인구가 100만 명에 달하는 세계 유수의 대도시였지만 하수도는 없었습니다. 이유인즉슨, 분뇨를 재활용했기 때문입니다. 같은 시기 유럽에서는 분뇨를 강으로 흘려보냈죠. 대도시에서 많은 사람의 분뇨를 강으로 흘려보내는 데는 한계가 있었고, 그래서 하수도가 발달한 것입니다.

대도시였던 에도가 중국과 유럽의 도시처럼 환경을 극도로 파괴하지 않을 수 있었던 이유는 무엇일까요? 확실히 일본의 자연이 튼튼하긴 합니다. 여기에 더해 일본은 도시 범위가 좁고 바로 인근에 논밭이 공존했기 때문이라고 생각합니다. 시골이 가까이 있으면 도시와 자연은 단절되지 않습니다.

애초 일본 도시에는 성벽이 거의 없었습니다. 확실한 구분 없이 자연스레 농가가 있는 시골 마을로 이어졌습니다. 당나라의 장안성은 성벽으로 둘러싸여 있죠. 하지만 그것을 본떠서 만든 헤이조쿄平城京(8세기 일본의 수도로 지금의 나라 지역—옮긴이)는 안쪽만 토담에 둘러싸여 있을

뿐입니다. 그래서인지 헤이안쿄平安京(8세기 말부터 19세기 중반 일본의 수도로 지금의 교토 지역—옮긴이)로 수도를 옮긴 후에는 아예 농지가 되었다고 합니다. 헤이안쿄에도 담을 쌓았던 흔적은 없습니다. 아마도 일본인은 도시와 시골 사이에 담 같은 건 필요 없다고 생각했던 모양입니다. 담이 없다는 것은 도시 사람과 자연 사이에 늘 왕래가 있었다는 뜻이겠지요.

# 무언가를 가꾸고
# 돌보는 마음

　　에도시대의 유명한 유학자 중 오규 소라이荻生徂徠라는 사람이 있습니다. 유교는 '도'를 논하는 학문인데, 종래의 유학자와 소라이의 차이점은 그 도를 해석하는 데 있었습니다. 소라이는 도는 자연에 있는 게 아니라 옛 성인이 만든 것이라고 단언했습니다. 도를 인위적인 것으로 보았던 겁니다.

　　그러나 삶은 인위적인 것이 아니라 '하늘天'이라고 말했습니다. 여기서 하늘은 자연을 뜻합니다. 소라이는 자연의 도와 인간의 도는 따로 떨어져 있다고 했습니다. 이는 내가 말하는 '도시와 자연'하고도 상통합니다.

　　니노미야 손토쿠二宮尊德도 이와 비슷한 사상을 전개

합니다. 그도 하늘의 도와 사람의 도를 매우 분명하게 구분합니다. 예를 들어, 집을 짓고 담을 세운 다음 그냥 내버려두면 서서히 망가져서 언젠가 지붕에선 비가 새고 담은 무너져내립니다. 이것이 하늘의 도라고 손토쿠는 말하죠. 내 식으로 표현하면 자연입니다. 그리고 비가 새지 않게 지붕을 손질하고 쓰러지지 않게 담을 보수하는 것이 사람의 도입니다. 사람이 하는 일이라는 뜻입니다.

마루야마 마사오丸山眞男는 〈역사의식의 '오래된 층'歷史意識의'古層'〉이라는 논문에서 일본의 고전 역사서 《고사기》와 《일본서기》에 가장 많이 등장하는 말이 무엇인지 밝혀냈습니다. 바로 '열매가 열리다' '나무가 번성하다'라는 의미의 '나루なる'입니다. 일본 문화의 근간에는 강한 자연이 있으며, 일본인은 끊임없이 그런 자연과 마주해야 했습니다.

일본의 강은 투명합니다. 야쿠시마에 갔을 때 그 지역 사람에게 "야쿠시마에는 한 달 내내 비가 오는데 빗방울이 염교만 하다"는 얘기를 들었습니다. 그 정도로 비가 많이 오는데도 강이 탁하지 않습니다. 비가 워낙 자주 오니 흘러가야 할 것은 전부 흘러가버렸는지도 모릅니다. 강물은 대체로 탁하기 마련이지만 일본엔 흙탕물 같은 강이 없습니다. 상류에서 공사를 하거나 비 온

직후에는 잠시 탁해졌다가도 금세 본래 상태로 돌아옵니다.

일본은 식물 생산량이 세계적으로 상당히 많은 편입니다. 인구 과잉 섬 국가가 지금까지 자연을 완전히 파괴하지 않고 살아올 수 있었던 것은 땅과 물이 풍족했기 때문입니다.

나는 자주 "논은 미래의 당신"이라고 말합니다. 그러면 듣는 사람은 무슨 소리인가 싶어 눈이 커집니다. 논에 이삭이 영글고, 논에서 쌀을 수확하고, 그 쌀을 먹으면, 쌀은 사람 몸의 일부가 됩니다. 공기도 마찬가지죠. 공기를 마시면 공기는 내 몸의 일부가 됩니다. 논의 열매도, 공기도 사람의 일부가 됩니다. 그래서 '논은 미래의 당신'이라는 것입니다.

이런 관점에서 환경은 내 몸 밖에 있는 게 아닙니다. 옛 일본인은 그런 점을 잘 알고 있었기에 끊임없이 자연을 가꾸고 돌봐야 한다고 생각한 것이겠지요. 물론 자연을 대할 때만 그런 것이 아닙니다. 이런 자세는 몸단장, 화장, 육아 등 일상생활의 온갖 상황과 관련이 있습니다. 직장에서 업무를 할 때나 집안일을 할 때, 식사나 취미 생활을 즐길 때도 진심으로 '가꾸고 돌보는 마음'이 있으면 사소한 판단조차 달라집니다.

## 자연의 존재를
## 인정하는 일부터

　가꾸고 돌보는 것은 우선 자연이라는 상대를 인정하는 데서 시작됩니다. 자연이라는 상대를 인정하면 생각이 저절로 이렇게 흘러갑니다. '자연을 내 상황에 맞게 움직이려면 어떻게 해야 할까?'

　전혀 손대지 않은 자연을 이상적인 것이라고 여기면 문제가 발생합니다. 인간도 자연입니다. 손대지 않은 자연이란 자신을 가꾸지 않고 아무렇게나 방치하는 사람과 같습니다. 반대로 도시화는 과도한 성형수술이라고 생각할 수 있죠. 의식이 의도하는 대로 얼굴이라는 자연을 바꾸기 때문입니다.

　어느 것도 일반적이지 않습니다. 타고난 얼굴을 꾸준

히 거울로 보면서 요리조리 매만지다 보면 자기한테 진짜 어울리는 얼굴이 만들어집니다. 그 과정 자체가 바로 '가꿈'이고 '손질'입니다.

이는 얼굴을 가꾸는 데만 한정되지 않습니다. 육아도 완전히 똑같은 원리입니다. 자연은 예측할 수 없습니다. 이와 마찬가지로 아무도 아이의 장래를 완벽히 예측할 수 없죠. 그래서 어머니는 매일 잔소리를 합니다. 손토쿠의 표현을 빌리면 '성가시게' '시끄럽게' 인간의 도를 가르칩니다. 그래도 자녀가 자신이 예상하는 모습의 어른으로 성장하리란 보장은 없습니다. 그러나 다른 방도가 없습니다. 농사일도 원리는 똑같습니다. '손질'은 생활 전반을 아우르는 원리입니다.

손질은 매일 하지 않으면 의미가 없습니다. 그런데 날마다 손질하려면 필요한 게 있습니다. 바로 현대인이 싫어하는 노력, 끈기, 인내입니다.

자연과 어울려 지내기 위해서는 성실한 노력에 더해 예측 불가능한 것을 참아내는 인내가 필요합니다. 모르는 것을 공백으로 둔 채 몇 퍼센트만 알아도 그냥 그러려니 하고 우선 마주하는 그런 끈기와 인내가 필요합니다.

옛사람은 자연과 어우러져 살아야 했기에 이런 성격이 저절로 갖춰졌습니다. 이렇게 보면 도시에 사는 현대인이 노력, 끈기, 인내를 싫어하는 것도 이해는 됩니다. 주변에 자연이 없으니 자연과 어울리는 데 필요한 성격을 딱히 요구받지 않습니다. 머리 회전이 빠르고, 눈치가 있고, 말재주가 좋은 것, 도시에서 살아가기 위해서는 이런 자질이 훨씬 중요하다는 걸 매일 체감하겠죠.

# 아이는 '무엇보다 소중한 미래'

아이가 태어나면 새삼 알게 되는 것이 있습니다. 아이는 어떤 목적을 갖고 태어나는 게 아닙니다. 인간의 일생이 그렇습니다. 삶의 의미나 목적을 논하려는 사람이 많지만 우리는 어떤 목적을 위해 살아온 게 아닙니다. 매일의 생활에 몰두하면, 그런 생각을 할 여유 따위가 없죠.

내 인생이 어떻게 될지 또는 왜 살아야 하는지, 그 이유 같은 건 모르는 게 인생입니다. 아이도 나중에 어떻게 자랄지 알 수 없죠. 그런데 도시에서 살다 보면 그런 당연한 이치를 잊게 됩니다.

도시에서는 뭐든 설계도를 그려서 만들지만, 자연을

대하는 손질에는 설계도가 없습니다.

'이렇게 하면 그렇게 된다'는 사고방식은 인공 세계, 즉 도시 세계에서만 통합니다. 자연은 그런 게 아닙니다. 구조가 그렇게 단순하지 않습니다. 그런데 현대사회에서는 모든 일을 철저하게 인공화해서 진행하려 합니다. 뭐든 '이렇게 하면 그렇게 될 것'이라고 생각합니다.

모든 게 예정대로만 흘러갈 때 가장 피해를 보는 사람은 누구일까요? 틀림없이 아이들이겠지요. 아이들은 아무것도 갖고 있지 않기 때문입니다. 지식도, 경험도, 돈도, 힘도, 체력도 없습니다. 아이들의 재산은 오직 아무것도 정해지지 않은 미래, 즉 막연한 미래입니다.

아이의 미래가 어떨지 아무도 알 수 없습니다. 아이들은 아무것도 정해지지 않은 미래라는 보물을 가지고 있습니다. 나는 그걸 '무엇보다 소중한 미래'라고 부릅니다. 미래를 확정할수록 아이들의 재산은 줄어듭니다.

나는 어릴 때 양동이 가득 게를 잡아서 놀곤 했습니다. 어른들은 "그걸 잡아서 뭐 하게?"라고 물었지만, 딱히 어떻게 할 생각은 없었죠. 잡았다가 나중에 그냥 놓아줬습니다. 아이는 그런 목적 없는 행위를 좋아합니다. 살아 있다는 건 그런 것입니다.

우리 집은 가마쿠라 경찰서 옆 골목에 있었는데, 나

중에 어머니한테 이런 이야기를 들었습니다. 하루는 유치원에서 돌아오던 내가 그 골목에 쪼그려 앉아 있더랍니다. 그걸 본 어머니가 뭐 하냐고 물었더니 이렇게 대답했대요. "개똥이 있어요." 그래서 어머니가 "개똥을 왜 보고 있니?" 묻자 "개똥에 벌레가 모여요"라고 말하더랍니다. 그 대화는 "벌레를 보는 게 뭐가 재미있니?"라는 어머니의 말로 끝났다는데, 원래 어른 눈에는 그게 무슨 재미가 있나 싶어도 아이 본인이 재밌으면 재밌는 것입니다.

아이는 이런 식으로 사람, 물건, 세상일을 배워갑니다. 어른은 아이가 좋아하는 일을 하고 있을 때, 그걸 왜 하는지 따위의 무의미한 질문을 반복하는 동물입니다. 나는 어른의 이런 특성을 어릴 때부터 알고 있었습니다.

## 감각보다
## 언어를 우선하다

　도시 생활은 감각을 무디게 만듭니다.
　절대 음감을 예로 들어보겠습니다. 예전에는 절대 음감을 어릴 때부터 악기를 배우지 않으면 얻을 수 없는 특수한 능력이라고 여겼죠. 그런데 연구에 의하면, 모든 동물은 절대 음감을 갖고 있다고 합니다. 귀의 구조만 봐도 이해할 수 있습니다. 귀 안쪽이 공진共振해 소리를 듣는데, 같은 높이의 음에는 늘 똑같은 진동이 일어납니다. 그래서 절대 음을 파악할 수 있는 것입니다. 모든 동물이 절대 음감을 가졌다면 인간도 마찬가지겠지요. 그런데 이렇게 절대 음감을 타고나도 많은 사람이 그걸 잃어버립니다.
　이유가 무엇일까요? 이는 인간의 '언어'와 밀접한 관

련이 있습니다. 우리는 어머니가 높은 목소리로 내 이름을 부르든, 아버지가 낮은 목소리로 내 이름을 부르든 모두 내 이름을 부르는 것임을 압니다. 우리의 언어는 그런 식으로 사용하는 것이니까요. 인간은 언어를 다루는 데 편리하도록 음높이의 차이를 최대한 무시하게 되었습니다. 절대 음감을 없애는 편이 언어를 사용하는 데 더 유리하기 때문입니다. 음악가 중에 절대 음감을 가진 사람이 많은 이유는 어릴 때부터 악기를 다루며 귀의 동물적 감각을 유지했기 때문입니다.

당연히 말을 못 하는 개와 고양이도 절대 음감을 가지고 있습니다. 그래서 사람들의 목소리를 같은 것으로 파악하지 않습니다. 내가 아무리 섬휘파람새 앞에서 휘파람 소리를 흉내 내도 그 새는 내게 오지 않습니다. 말을 못 하는 동물은 감각을 우선하기 때문입니다.

인간이 말을 하게 된 것은 무엇보다 의식이 감각보다 우위에 있는 점과 연관이 있습니다. 의식은 머릿속에서 발생하고, 감각은 외부 세계와 접하고 있죠. 동물은 그런 감각을 우선하므로 말을 할 수 없는 겁니다.

여담이지만, 인공 음성은 음의 높낮이를 쉽게 조절할 수 있습니다. 동물을 훈련시킬 때, 인공 음성을 활용하면 인간이 말할 때보다 효과가 더 좋지 않을까요?

## 잠시 도시 밖에서 지내기

 인류의 조상을 찾아 5억 년쯤 거슬러 올라가면, 물속에서 사는 실러캔스coelacanth 같은 모습이 나옵니다. 실러캔스가 사람으로 진화했다고 하면 누구나 다 이상하다고 생각하겠지요.

 확실히 성체를 보면 도저히 받아들이기 힘든 변화 같습니다. 그런데 수정란 형태는 실러캔스나 사람이나 똑같은 구球 모양입니다.

 어미가 알을 낳고 알이 성체가 되어 또 알을 낳는 과정을 거듭하면서, 어느새 유전자가 변화해 사람이 된 것입니다. 진화란 발생 과정에서 나타난 약간의 어긋남, 그것에 불과합니다. 5억 년에 걸쳐 조금씩 달라진 결과,

사람으로 변한 것이지요.

그러나 지금도 실러캔스는 여전히 실러캔스로 존재합니다. 그런 의미에서는 뭐든 마찬가지입니다. 지금까지 똑같은 모습의 실러캔스로 남기도 했고, 조금씩 변화해서 사람이 되기도 했습니다.

발생 과정상 조금 어긋난 물고기가 육지로 올라왔습니다. 육지에 올라오니 걸어야 할 필요가 생겼겠지요. 다양한 움직임을 해야 했기에 뇌에 운동 소프트웨어가 만들어졌습니다. 움직임이 서툰 개체는 다른 생물한테 먹히거나 먹이를 구하지 못해 점점 사라졌고요. 5억 년이 걸렸으니 운동 소프트웨어도 성능이 매우 좋아졌겠죠.

평소 오른 다리와 왼 다리의 움직임을 의식하면서 걷는 사람은 없습니다. 우리 몸은 중력에 대항해 몸을 어떻게 움직여야 하는지 알고 있습니다. 그런 소프트웨어가 머릿속에 들어 있습니다.

이는 '이렇게 하면 그렇게 된다'하고는 다릅니다. 자연 안에서 시행착오를 겪으며 몸에 익힌 소프트웨어입니다. 바꿔 말해 '이렇게 하면 그렇게 된다'라는 세계에서 살다 보면 몸과 관련한 소프트웨어가 퇴화합니다.

자연을 손질하는 감각을 조금이라도 되찾는 방법으로, 나는 줄곧 현대식 참근 교대參勤交代(에도시대에 각 번의

영주인 다이묘에게 영지와 에도를 번갈아 오가게 한 제도—옮긴이)를 제창해왔습니다. 도시인들이 1년 중 한 달이라도 시골 지역에서 몸을 움직이며 일하거나 느긋하게 지낼 수 있도록 제도화하자는 것입니다. 유급 휴가를 전부 활용하는 일본인이 드문 만큼 이 방법은 매우 유효합니다. 순서를 정해 돌아가며 쉬고 재충전해 다시 일터로 가서 집중하면 업무 효율도 올라갈 것입니다.

농사일도 좋고, 삼나무 속아내기라도 좋습니다. 실제로 몸을 움직여보면 자연과 문화에 대한 생각이 달라집니다. 도시를 바라보는 눈이 달라집니다. 과소화 지역도 살아나겠지요. 이것이야말로 나라 전체가 살아나는 일입니다.

아무리 전통문화를 소중히 하자고 소리 높여 말해도 일상에서 자연과 접촉하지 않으면 그런 외침이 와닿지 않습니다. 일상에 전통문화를 넣어야 합니다. 머릿속에 있는 사상만 외쳐서는 효과가 없습니다. 그런 사상은 정착도, 계승도 어렵습니다. 몸을 사용하는 일상생활 안에서 되살아나지 않으면 진짜가 아닙니다.

현대식 참근 교대는 본래 공무원을 염두에 둔 아이디어였는데, 회사원과 자영업자도 장기 이주 시스템을 도입해보길 권합니다. 도시를 벗어난 생활에는 분명 적지 않은 효용이 있을 것입니다.

에도시대는 참근 교대 덕분에 도로가 매우 활기를 띠었습니다. 다이묘 행렬 자체에는 큰 의미가 없었지만, 많은 사람이 도시와 지방을 오감으로써 경제적 재분배가 자연스럽게 이루어졌거든요.

오늘날도 마찬가지입니다. 산이 좋은 사람은 산으로, 바다가 좋은 사람은 바다로 가서 살면 됩니다. 그러면 재분배가 저절로 이루어지겠지요.

또 한 가지 중요한 효용이 있습니다. 일본은 호상열도弧狀列島(바다 한가운데 활등처럼 굽은 모양으로 널려 있는 군도—옮긴이)이므로 재해에 취약합니다. 지금 도쿄에 지진이 일어난다면 엄청난 이재민이 발생하겠지요. 물이 끊기면 화장실도 사용할 수 없습니다. 순식간에 집이 사라질지도 모릅니다. 그러니 참근 교대를 하면서 시골에 자신의 공간을 만들어두자는 것입니다.

# 몸에 힘이 들어가면
# 곤충이 보이지 않는다

  물론 '손질'한다는 게 간단한 일은 아닙니다. 노력, 인내, 끈기가 필요합니다. 예를 들어, 사토야마는 많은 생물로 이루어져 있고 시시각각 모습을 바꾸는 복잡한 시스템입니다. 이 시스템을 언제나 양호한 상태로 유지하려면 현 상태를 정확히 파악하고 어떤 식으로 변화하는지 감각적으로 예측해야 합니다.

  이때 예측은 계산기를 두드리며 '이렇게 하면 그렇게 된다'는 식으로 통제하는 것과는 다릅니다. '손질'은 상대를 인정하고 상대의 법칙을 이해하려는 자세에서 시작됩니다. 상대와 밀접하게 교류하며 그 모습에 맞춰 손질 방식을 결정할 필요가 있습니다.

그러나 통제는 상대를 내 머릿속에 넣어버리는 겁니다. 상대를 내 머리로 이해할 수 있는 범위 안에 넣고 자기 뇌의 법칙대로 완전히 조종하려는 게 통제입니다.

그러나 자연을 상대할 때는 그런 일이 불가능합니다. 곤충채집만 해도 벌레가 어디에 있고 무엇을 하는지 내 머리로는 전부 파악할 수 없습니다. 상대를 자기 머리 밖으로 꺼내서 있는 그대로를 인정하고, 상대의 법칙을 최대한 이해하려고 노력하는 자세가 자연을 대할 때는 꼭 필요합니다.

목요일마다 곤충 애호가들이 온라인에 모여서 회의를 합니다. 요전에는 누가 이런 이야기를 했습니다. 밤에 숲에 들어가 곤충을 찾을 때, 몸에 힘이 들어가면 곤충이 보이지 않는다고요. 온몸의 힘을 빼야 곤충이 보인다고 합니다. 몸 한 부분에라도 힘이 들어가면 곤충이 도망친답니다. 이는 선禪에서 말하는 무심無心, 곧 무념무상無念無想의 경지입니다.

그릇을 빚는 사람도 비슷한 이야기를 합니다. 몸을 사용하는 일에는 그런 경지가 있게 마련입니다. 매미가 좋아 라오스에서 25년간 계속 매미만 잡는 지인이 있습니다. 매미 잡는 그의 모습을 보고 있으면 곤충 채집망과 검을 휘두르는 방식이 꽤 비슷하다는 생각이 듭니다.

아마추어는 양손으로 잡고 망을 휘두릅니다. 아마추어에게 검을 주면 오히려 검에 휘둘리고 맙니다. 몸 쓰는 일을 하는 베테랑의 이야기에는 강한 보편성이 있습니다. 몸을 움직이는 방식이야말로 노력, 인내, 끈기를 가지고 반복하지 않으면 몸에 익지 않습니다. 자연은 끊임없이 변화하기 때문입니다.

곤충 하나만 봐도 그렇습니다. 같은 종이라도 형태가 매우 다릅니다. 식물도 그렇습니다. 종류에 따라 잎이 대칭으로 나기도, 엇갈려 나기도 합니다.

《컴퓨터가 일을 빼앗다 コンピュータが仕事を奪う》라는 책을 쓴 아라이 노리코는 컴퓨터에도 맞는 일과 맞지 않는 일이 있다고 했습니다. 그중 하나가 위기관리입니다. 위기라는 것은 예측할 수 없습니다. 예를 들어 컴퓨터는 지진, 집중 호우, 신종 코로나 바이러스 같은 것을 예측하지 못하고 거기에 대응하지도 못합니다.

# 생각을 멈추고
# 자기 눈으로 보기

사람은 두 번 다시 같은 것을 볼 수 없습니다. 같은 장소에서 후지산을 봐도 어제와 오늘은 다릅니다. 같은 길을 걸어도 어제 없던 돌이 생겨 있고 어제 있던 까마귀는 보이지 않습니다.

자기 눈으로 본다는 것은 그날 그때 그 장소에서만 체험할 수 있는, 두 번 다시 볼 수 없는, 타인은 결코 볼 수 없는 것을 본다는 뜻입니다. 그러니 직접 봐야 합니다. 우선 아무것도 생각하지 말고 그냥 보면 됩니다.

'보기'를 반복하면 '다름'을 알게 됩니다.

해부학 실습에서는 인체 표본을 현미경으로 관찰하는데, 처음에는 표본을 보고 있어도 자기가 무엇을 보는 건지 전혀 모릅니다. 그것이 '간세포'라는 걸 알려면 어느 정도 경험이 필요합니다.

이제껏 관찰한 경험이 있기에 그게 '간'이라는 사실을 아는 것입니다. 경험이 더욱 쌓이면 그 간세포가 조금 이상하다는 점을 알아채기도 합니다. 그리고 경험이 더 쌓이면 거기서 '간경변'을 진단할 수 있습니다.

처음에는 그냥 보기만 할 뿐 뭐가 뭔지 모릅니다. 땅을 기어가는 생물을 보고 '개미'라고 생각하는 건 '개미는 이러이러한 것'임을 알고 있기 때문입니다.

그런데 자세히 보니 개미라고 생각했던 것에 다리가 8개 달려 있습니다. 개미거미라고, 개미와 똑 닮은 거미가 있는데 세심히 보면 개미가 아니라는 걸 알 수 있습니다. 그래도 자세히 들여다보지 않으면 그냥 개미라고 생각하겠지요. 관심 없는 사람에게는 그저 다 같은 벌레일지도 모릅니다.

아무것도 모르는 백지상태로는 관찰할 수 없습니다. 개미거미를 봐도 개미라고 생각하고 그 차이를 발견하지 못합니다. 우리는 관찰을 반복함으로써 사물 보는 법을 배웁니다.

이런 관찰에 정해진 방법은 없습니다. 해보는 수밖에 없죠. 젊은 사람에게 곤충을 관찰해보라고 권하면 "그러면 어떻게 되는데요?"라는 질문이 돌아오곤 합니다.

답을 모르면 무책임한 말이라고 여기죠. 그런데 답을 다 알면 재미가 없습니다.

자연에서는 그야말로 발견의 연속입니다. 새로운 종을 발견한다는 얘기가 아닙니다. 나는 우크라이나 곤충을 1,000마리 정도 표본으로 만들었는데, 그걸 보기만 해도 가슴이 설렙니다. 예전에 내가 전혀 몰랐던 곤충과 만났기 때문입니다. 이 모든 게 발견입니다. 세상 사람이 알든 모르든 나하고는 관계없습니다. 우크라이나 사람이면 누구나 아는 벌레라고 해도 내가 몰랐으니 내가 처음 본 순간이 '발견'입니다. 그런 의미의 발견이 자연에는 가득합니다.

## 안다는 것의
## 근본

    예전에 처음 후쿠시마현 아이즈에 갔을 때 그곳에 사는 어떤 분이 혹시 보고 싶은 게 있냐고 물었습니다. 그래서 오래된 나무를 좋아한다고 했더니 커다란 느티나무가 있는 곳엘 데려다주었습니다. 나무는 논 한가운데 서서 아무 방해도 받지 않고 마음껏 가지를 펼치고 있었죠. 그 모습을 보고 있자니 기분이 좋아졌습니다.

    커다란 나무는 마치 시계 같습니다. 그때 본 커다란 느티나무는 우에스기 가게카쓰上杉景勝가 1600년 성을 지으려던 곳에 자리 잡고 있었습니다. 세키가하라 전투 때부터 코로나19가 유행한 최근까지 계속 그 자리에 있었던 겁니다. 마치 시간을 새기는 시계처럼요.

아이즈의 숙소에서 창밖 풍경을 보고 있는데 마침 눈이 내리기 시작했습니다. 숙소를 둘러싼 나무의 가지마다 눈이 쌓이며 풍경이 조금씩 하얗게 변해갔습니다. 시간 가는 줄 모르고 한참을 보았습니다. 요즘 아이들이 몰두하는 게임의 디지털 자극과 달리, 자연은 상대가 반응하도록 자극하며 공격하는 일이 없습니다. 자연 안에 가만히 몸을 두고 있으면 서서히 나 자신과 자연이 하나가 됩니다. 편안해집니다.

나무 한 그루도 생명이 탄생한 이래 35억 년이라는 엄청난 세월을 지나 지금까지 왔는데, 그 형상이 대충 만들어졌을 리 없습니다. 뿌리부터 가느다란 가지 끝에 이르기까지 자연의 규칙을 반영하고 있습니다. 자연 안에 몸을 두면 그 자연의 규칙과 우리 몸속 자연의 규칙이 공명共鳴합니다. 그러면 머리로는 아무리 생각해도 알 수 없는 것을 알게 됩니다.

자연을 알든 생물을 알든 그 '안다는 것'의 근본에는 '공명'이 있다고 나는 생각합니다.

인간관계도 마찬가지입니다. 공명이 중요합니다. "공명하면 뭐가 좋은가요?" 이렇게 물어도 나는 잘 대답할 수 없습니다. 이론상 누군가를 안다는 것, 누군가와 가까워지는 것은 불가능하니까요.

나는 우리 집 고양이와 공명합니다. '나는 일하는데, 넌 자니?' '지금 뭐 하고 있니?' 말로 하지는 않아도 늘 고양이와 공명하며 교류합니다.

## 아이의 신체성을 기르다

동물은 공명을 압니다.

아이들과 함께 산으로 곤충채집을 간 적이 있습니다. 더운 날 산에 다녀와서 더 덥게 느껴질 무렵 바다를 지나게 됐습니다. 바다에는 개를 데리고 산책 나온 사람이 있었는데, 묶여 있던 줄을 풀어주자마자 개는 바다에 뛰어들어 신나게 수영을 즐겼습니다. 동물과 바다가 공명하고 있었던 겁니다.

아이들도 바다에 들어가고 싶어 하지 않을까 싶어 가만히 보고 있는데, 그러는 아이가 아무도 없었습니다. 멋대로 물에 들어가면 안 된다고 생각했겠지요. 요즘 아이들은 강아지만큼도 행복하지 않을지 모릅니다.

에도시대 말기에 일본을 방문한 한 외국인은 여행기에 "아이들이 행복해 보인다"고 썼습니다. 당시는 태어나는 아기도 많고 일찍 죽는 아기도 많을 때였습니다. 허망하게 죽는 아이를 보며 부모는 아이가 제 시간을 마음껏 누리게 해주고 싶었을 것입니다.

오늘날엔 아이가 예전처럼 쉽게 부모 곁을 떠나지 않습니다. 현대사회에서 아이의 인생은 어른이 되기 위한 예비 기간입니다. '장래'라는 말로 아이의 인생을 묶고 아이의 시간을 희생하게 합니다.

더울 때 시원한 물에 들어가면 상쾌하다는 감각이 피부로 느껴집니다. 그 감각을 느끼는 것이 공명입니다. 공명은 신체와 감각으로 느끼는 것입니다.

지금 아이들은 그런 신체 감각을 경험할 기회가 적습니다. 말로는 아이에게 다양한 체험을 시키겠다는 사람이 많은데, 도통 와닿지 않습니다.

나와 알고 지내는 사키노 류이치로崎野隆一郎 씨는 도치기현 모테기에서 '여름방학 30박 31일 캠프'라는 프로그램을 운영합니다. 아무것도 없는 숲속에 작은 집만 있는데, 거기서 아이들은 아침부터 밤까지 몸을 움직이며 살아갑니다. 매일 아침 직접 물을 긷고 성냥 없이 불을 피워야 밥을 먹을 수 있습니다. 화장실에 가려면 100개나 되는 계단을 올라가야 합니다.

캠프에서는 아이들에게 일일이 가르쳐주지 않습니다. 아이들은 그곳에서 자기 몸을 배웁니다. 몸은 가장 가까운 자연입니다. 자연은 생각처럼 되지 않는다는 걸 아이들은 캠프에서 저절로 깨닫습니다. 아이 자체가 자연이므로 하루 이틀만 지나도 자연에 익숙해집니다.

일상에 필연성이 들어오면 자연 친화고 뭐고 생각할 필요 없이 저절로 자연과 친해집니다. 버튼만 누르면 뭐든 되는 생활에서는 이런 신체성을 기를 수 없습니다.

## 오감으로 받아들인 것을 정보화하다

나는 '로켓ROCKET'이라는 프로젝트에 참여하고 있습니다. 도쿄대학교 최첨단과학기술연구센터의 나카무라 겐류中邑賢龍 교수 연구실에서 시작한 프로젝트인데, 아이들이 좋아하는 것을 할 수 있게 해주는 이색 재능 발굴 프로그램입니다.

거기에는 지금까지 본 적 없는 훌륭한 그림들이 가득 걸려 있습니다. 모두 아이들이 그린 그림이지요. 예전에 지유가쿠엔自由學園(1921년 도쿄도에 설립된 학교법인. 유치원부터 대학교까지 운영하며 학생들의 자율성을 강조하는 교육 방침으로 유명하다—옮긴이) 학생들의 그림을 봤을 때도 비슷한 느낌을 받은 적이 있습니다.

어른들 눈에는 별 쓸모없는 것 같아 보이는 일에도 아이들은 오랜 시간 정성을 들입니다. 아이들이 자유롭게 그릴 수 있도록 지켜보기만 해도 상상조차 못한 근사한 결과가 나오곤 하죠.

사람은 아름다운 광경을 보면 그 감동을 남기고 싶어 하는데, 그럴 때 보통 시를 짓고 그림을 그립니다. 오감으로 받아들인 것을 말이나 그림으로 표현해 다른 사람에게 전하는 것은 감각을 정보로 바꾸는 작업입니다.

그런 작업은 시간이 오래 걸립니다. 그래서 점점 멀리하게 됩니다. 어른에겐 인내심이 없으므로 그런 과정을 거치는 그림을 그리지 않습니다.

아이가 그림을 그리고 있으면 어른은 곧장 이렇게 묻죠. "무슨 그림이야?" 학교에서는 제한된 시간 안에 그림을 완성하라고 말합니다. 그래서 생각만 하다가 시간을 보내버리는 아이도 있지요.

컴퓨터를 사용할 때도 마찬가지입니다. 야구를 좋아하는 한 아이가 엑셀로 야구 점수표를 만들었다며 보여준 적이 있습니다. 각각의 열과 행에 색을 입혀서 그 표 자체가 예술 작품처럼 보일 만큼 아름다웠습니다.

아이는 색을 그 자체로 봅니다. 그 때문에 색을 사용하는 방식도 기발한데, 컴퓨터 문서를 작성하며 색을 재치 있게 사용하는 어른은 분명 드물 겁니다. 왜일까요? 어른은 이미 오감으로 받아들인 것을 표현하지 않게 되었기 때문입니다.

눈으로 본 것을 그림이나 말로 정교하게 표현하는 데는 시간이 걸리므로 그냥 사진을 찍거나 단순한 말로 정리해버립니다. 사회 전체가 그렇습니다. 가방 하나도 대량생산으로 찍어내는 시대가 되자 장인이 한 땀 한 땀 만든 가방의 격이 떨어져버렸습니다.

오감으로 받아들인 것을 그림이나 시로 표현해 정보화할 수 있는 사람이 많아야 건강한 사회라고 나는 생각합니다.

여기서 '정보화'는 정보 처리와는 다릅니다. 정보 처리는 이미 정보가 된 것을 어떻게 빨리 처리하느냐에 관한 이야기입니다. 대입 시험에서는 정보 처리가 빠른 사람이 유리하죠. 근대화를 거치며 우리 사회는 점점 더 빠른 정보 처리를 요구하는 한편, 정성스럽게 정보화하는 과정을 생략해버렸습니다. 산으로, 시골로 가라는 이유가 여기에 있습니다.

도시에서 나고 자란 사람은 산에 가도 무얼 해야 좋을지 모를 수 있습니다. 산에 처음 가는 아이는 그곳에서 노는 방법을 모릅니다. 그래도 괜찮습니다. 어찌할

바 모르는 그 상태에서 시작하면 됩니다. 자기 나름대로 즐기는 법을 발견하고, 거기서부터 자신을 새롭게 만들어가면 그만입니다. "숲에 가면 어떤 점이 좋은가요?" 이런 질문만 하고 있으면 아무것도 발견할 수 없습니다. 가보면 알게 됩니다.

어떤 효용이 있는지 알 수 없으면 가고 싶지 않다는 사고방식을 마주할 때 참 서글퍼집니다. 머릿속에 그런 생각이 있어 머리에 있는 것밖에 체험하지 못하는 것입니다. 말로는 풍요로운 생활이라고 하면서 실상은 빈곤한 인생을 사는 가장 큰 이유가 바로 여기에 있습니다.

자연으로 들어가는 경험은 모든 사람에게 긍정적인 의미가 있습니다. 거기서는 가진 게 적어도 인생이 풍요로워집니다.

### 마치며

 이제 '안다는 것'이 무엇인지 알게 되었나요? 분명 그렇지 않겠지요.
 개인적인 이야기를 하자면, 나는 올해 여든여덟 살이 됩니다. 그리고 요즘 바구미를 연구합니다. 연구해서 무엇을 알 수 있느냐, 하면 아마 아무것도 알지 못할 것입니다. 지금 보는 이 바구미가 무슨 바구미인지 아무리 찾아봐도 이름을 알 수 없으면 내가 이름을 붙입니다. 이때는 이른바 신종을 발견한 겁니다.
 한편, 이름이 있는 바구미임을 알게 되면 정말 맞는지 다시 확인합니다. 하코네에서 잡은 것과 후쿠이에서 잡은 바구미는 아무래도 조금 차이가 있습니다(하코네와

후쿠이는 약 400킬로미터 떨어져 있다—옮긴이). 어디가 어떻게 다른지 꼼꼼하게 비교합니다. 살펴봤더니 더듬이의 마디 길이가 다릅니다. 마디가 12개나 있어 길이를 재기도 만만치 않죠. 게다가 채집할 때 더듬이가 일부 잘린 표본은 쓸 수 없습니다.

이런 식으로 작업을 계속 이어갑니다. 설명만 들어도 지친다고요? 그런 걸 뭐 하러 보냐는 말은 어릴 때부터 질리도록 들어서 이제 제법 익숙해졌습니다. 괜찮습니다.

대학 조교 때는 땃쥐를 조사했습니다. 홋카이도 삿포로 근처에 있는 이시카리 방풍림防風林에 트랩으로 쓸 쓰레기통을 묻고 긴발톱첨서를 잡았습니다. 쓰레기통에 떨어진 쥐의 전신을 절편 표본으로 만들어 현미경으로 관찰했습니다. 그 결과, 긴발톱첨서의 요추 양옆에 파터-파치니소체Vater-Pacinian corpuscle가 하나씩 있다는 걸 알게 되었습니다. 이것은 고양이 장간막에 많고, 사람 손가락에도 있습니다.

그래서 뭐가 어떻다는 거냐고요? 뭘 알게 되었냐고요? 그냥 그렇다는 걸 알게 되었을 뿐 다른 건 없습니다. 수염을 관찰했더니 구조가 신기해서 재미있었습니다. 그 관찰 결과를 정리해서 쓴 〈땃쥐로 본 세계〉라는 글이 이와나미 쇼텐 출판사의 잡지 〈과학科學〉에 실렸습니다.

그 글을 은사인 나카이 준노스케中井準之助 선생님이 읽어보시고는 "내가 땃쥐를 연구하고 제대로 이해했다면 나는 땃쥐와 공명했을 것"이라는 취지의 문장에 줄을 긋고 여백에 '합장合掌'이라는 메모를 남겨주셨습니다. 지금도 그걸 떠올리면 눈시울이 시큰해집니다.

선생님의 평생 연구 주제는 '신경근 접합부 형성'이었습니다. 나는 선생님을 닮지 않은 제자였습니다. 땃쥐는 선생님의 연구 주제와는 거리가 멀었으니까요. 선생님은 늘 자신이 '알고 싶어서' 연구를 한다고 말씀하셨습니다. 제자가 자기와 전혀 다른 분야를 연구해도, 제자가 '알고 싶어서' 하는 일을 이해해주셨습니다. 그저 감사할 따름입니다.

80대 후반이 될 때까지 나는 줄곧 자연이라 불리는 세계를 이해하려 애썼습니다. 하지만 지금도 어릴 때와 마찬가지로, 나는 알지 못합니다. 땃쥐나 바구미도 쉽게 알 수 있는 상대가 아닙니다. 진정 알게 되려면 공명하는 수밖에 없겠지요. 지금도 그렇게 생각합니다. 선생님은 이런 내 마음을 '알았던 것'입니다. 선생님과 나, 두 사람이 공명했다고 나는 믿고 있습니다. 선생님은 "교양은 사람의 마음을 아는 마음"이라는 말씀을 입버릇처럼 하셨습니다.

두 고체의 고유 진동수가 우연히 일치했을 때 발생하는 공명은 언뜻 보기에 참 신기한 현상입니다. 공명은 의도해서 만드는 것이 아닙니다. 무한에 있는 한 점입니다. 나는 땃쥐가 되었다가, 바구미가 되었다가, 고양이가 되었습니다. 그래도 좀처럼 공명에는 이르지 못했죠. 방식이 틀렸을 테지요. 이성으로 '알려고' 했기 때문입니다. '의식'으로 바꿔 말할 수도 있습니다.

진정 알기 위해서는 의식이나 이성을 벗어나야 합니다. 여기부터는 거의 종교의 세계이므로 이만 마칩니다. 합장.

2022년 12월
요로 다케시